拜德雅
Paideia
人文档案

兰波评传：

履风的通灵人与盗火者

[法] 伊夫·博纳富瓦（Yves Bonnefoy） 著
杜　卿　译

上海社会科学院出版社
SHANGHAI ACADEMY OF SOCIAL SCIENCES PRESS

愿这份不幸自由自在。

——兰波

目　录

乞丐的童年　/　1
影与光　/　27
决　意　/　51
绝对与言语　/　85
仁爱的践行　/　121
地狱一季　/　147
彩图集　/　191
不可能与自由　/　235

附　录　/　259
兰波生平　/　265
参考文献　/　269
译后记　/　273

乞丐的童年*

* 标题出自《彩图集》（*Illuminations*）中的《生命》（Vies）。——译注（如无特别说明，注释均为译注）

I

为了理解兰波，让我们阅读兰波吧——将他的声音从混杂的诸多声音中分离出来。不用去远方、不用去别处寻找兰波亲口对我们说的话。鲜有作家像他一样如此热忱地认识自我、定义自我——想要通过认识自我来改变自身，成为另一个人。因此，让我们严肃地对待这最为严肃的追求。我建议我们去找回一种声音——识破它的意愿，重现它的腔调，尤其是这些激荡，这无从模仿的纯洁，这些胜利，这些破碎。

倾听他的声音吧。首先倾听他最苦涩的讥讽——为了被它的烈性魅力俘获，也为了丈量一种沉默，这沉默试图令他窒息，最后或许也成功做到了——这讥讽无疑显出他最深的厌恶。一个十六岁的中学生向他的老师宣告："在外省的小城中，我的故乡显得极其愚昧。"[1]"多么讨厌！"三年后的他叫喊着，"多么天真的怪物，这些农民……我

1 出自 1870 年 8 月 25 日兰波写给老师乔治 · 伊桑巴尔（Georges Izambard）的信。需要说明的是，本书中，兰波全部作品和部分信件的中译参考了王以培翻译的《兰波作品全集》（北京：东方出版社，2000 年）；此外，《地狱一季》（*Une saison en enfer*）和《彩图集》里部分诗作的中译也参考了王道乾的译本（广州：花城出版社，1991 年；上海：上海译文出版社，2012 年）。针对具体的情况，译文或有所改动。下文不再一一说明。

极度不适。没有一本书，附近没有一家酒馆，街上没有一起意外！这法国的乡间是多么恐怖啊！”[1]我们可以在兰波的全部作品中追寻这反-爱慕式的(contre-adoration)絮叨。似乎，对“阿登省的万象图景”[2]，对骇人的外省，无一言一语可说出它的可怖，像遥远的、惰性的神，实在无从形容。因何有这迷恋般的愤怒？对了解“以面粉和烂泥为食的人们所住的外省”[3]、“恶劣的夏尔屯”[4]或其他类似城市的读者，我得提醒你们注意外省的城市与乡村之间的强烈对比。一边是孤独与土地，自然元素的在场与它们无声的绵延，人们缄默着生存的实体世界（“我还是带着有待于求索的义务，”兰波有朝一日将这样写道，“有待于拥抱的坎坷不平的现实，回归土地吧！农民！”[5]）；另一边则是覆盖原本富饶模样的面纱，一成不变、无从出逃的社会生活，伪造沉默的贫瘠话语和狭隘社群的教条主义，在那儿，在某个人望向所有人和所有人望向某个人的目光中(比如，望向这位身披长发、吸着烟斗的阿蒂尔·兰波），精神迅速堕落。长夜漫游，反叛之魂倍感窒息，兰波因你们而受苦，以至于让你们入诗，让你们的永恒永存：

---

1 出自1873年5月兰波写给好友欧内斯特·德拉艾（Ernest Delahaye）的信。

2 原文作“Cosmorama Arduan”。出自1872年6月兰波写给德拉艾的信。

3 出自1872年6月兰波写给德拉艾的信。

4 原文作“L'atroce Charlestown”。出自1873年5月兰波写给德拉艾的信。兰波的故乡是位于阿登省的夏尔维勒（Charlesville），靠近法德边境。出于讽刺，兰波把该词后半部分的“ville”——法语，意思是“城市”——替换成了英语的“town”。

5 出自《地狱一季》中的《永别》（Adieu）。

被贫瘠的草地切分的广场上，
花草树木，一切都规规矩矩；
全城的布尔乔亚热得喘不上气，
周四晚，带着他们愚蠢的妒忌。

“被贫瘠的草地切分的广场上……”这首题为“乐曲声中”（A la musique）的诗里，有一种满是焦虑的愤恨，它成了反抗的起点。1870 年，有一位极年轻的兰波，他腼腆，“衣着寒酸”[1]，被上千种欲望纠缠，绝望地行走在这些路上，没有希望，没有爱情。他不接受这持久的苦闷，不接受所有未来、所有可能性消失在这只能通往其他类似车站的站台前，在这时间被不断夺去的吊钟之下。他不接受像他的妹妹维塔莉（Vitalie）一样，因为缺乏生活的实存，只能去数道旁的树木。“林荫道上有一百一十棵栗树，火车站旁有六十三棵。”死前不久，维塔莉在日记里写道。

外省是后母，因为它毁了自由。外省是绝对之恶。不过这次，我不但要在“外省”一词里指出极高的风险，也要从中指出一个机遇，因为绝对会产生绝对，最深刻的异化也能在几道阻碍消失后带来最极致的诗意。正因了兰波，我们才能定义——和称颂——这些即刻的变幻、这些重新的捕捉，平日的场景被凝固，在偶然与纯粹的瞬间，市政厅、邮局和意识所遭遇的一切，在我们眼前摇摇欲坠；而意识

1 同样出自《乐曲声中》，完整诗句是“而我，像个大学生一样衣着寒酸”。

兰波的妹妹维塔莉（1873 年，路易·欧仁·瓦索涅［Louis Eugène Vassogne］摄）

遭遇它们的方式愈发有害，以至于它停止了观看。在显象（apparence）被突然剥夺了寻常意义而产生的神秘之中，在已变得无用的实用之物的陌生化之中，可能性本身的缺失竟然暴露出一种全然不同的崭新可能、一种人与存在者（ce qui est）之间的全新关系。我将在之后讨论这种诗性体验，即《言语炼金术》（Alchimie du verbe）所描述的转变的开端。或许，只有透过被遗弃在外省的生活中最可憎的一面，他才能隐约瞧见最本质的自由。

眼下，为了给将兰波置于故乡的孤独之中的讨论收一个尾，我只需要再谈谈另一种对法国外省生活的彻底拒绝，即 1789 年所展示的拒绝。法国大革命中也曾有——也许首先有——对既定（donné）的极端否定、对暴力的形而上企图和因抑制存在而生出的政治表述。离兰波不远的位置，我们可以放上国民公会议员胡尔[1]的名字，他在兰斯的广场上打碎了装有永不枯竭的圣油的神圣安瓿（la Sainte-Ampoule）[2]。之后不到一年，他便自杀了。“我从来不属于这一类人，”兰波在《地狱一季》中写道，“我从来就不是基督徒；我属于肉刑下引吭高歌的那个族类；我不懂

1 菲利普 · 胡尔（Philippe Ruhl，1737—1795），法国政治家，山岳派成员，先后成为国民立法议会和国民议会议员。他是罗伯斯庇尔（Robespierre）的反对者。1795 年 5 月 29 日，胡尔自杀身亡。

2 该圣油相传是从克洛维一世（Clovis I）的时代传下来的，一度存放在为克洛维一世施洗的圣雷米吉乌斯（Saint Remigius）的墓中，后来存放在兰斯主教座堂中。1793 年 10 月 7 日，这只安瓿被胡尔打破，但仍有一部分被保存下来用于查理十世（Charles X）的加冕仪式。

得法律，我没有道德意识，我是一个粗坯……”[1] 兰波属于这反叛者的种族，在平静的外省逡巡。“低劣种族”[2]，真的，他们不懂得适应、占有和享利，只向着死亡走去。但他明白，这个种族是神圣的，仿佛天生的使命一般，“当我还是孩子的时候，我就敬慕关在牢中不屈的苦役犯；我曾经遍访他逗留过的、已成为圣地的旅店和出租的陋室［……］我在许多城市都觉察到他的命运”[3]。而他，将是诗歌的苦役犯，我是说，他带着否定沉闷的西方外省生活的渴求，站上“善恶的彼岸”[4]——在《沉醉的清晨》（Matinée d'ivresse）中，他和尼采说得一样清楚。

II

然而，他也比任何人都更艰难地承受善恶的负重。“还是孩子的时候”，他不仅住在这基督教的欧洲——他将使劲攻击它，并最终离去——还住在最死板、最贫瘠的一个省份，他母亲兰波夫人独裁的王国。人们已为维塔莉·居伊夫（Vitalie Cuif）[5] 费过诸多笔墨，即便出于研究诗歌的考虑，探究家庭史也着实令人不快；然而，为了理解文字

1 出自《地狱一季》中的《坏血统》（Mauvais sang）。
2 同上。
3 同上。
4 “善恶的彼岸”也是尼采（Nietzsche）的书名。兰波在《沉醉的清晨》中写道：“人们已许诺将善恶之树葬于阴影。”
5 也就是兰波的母亲。

兰波的母亲（约 1890 年）

生涯初期的兰波，我们又怎能不在夏尔屯（Charlestown）和母亲（mother）之间观察他？他用英语写下这两股联合势力的名字，以此祛害。一方面，是阿登省的生活无法逾越的视域（horizon）。1854年，兰波出生在夏尔维勒的一个地主家庭，他的母亲带着丰厚的嫁妆嫁给了一位职业军人。他的童年在母亲的不同住所（在主干道或“林荫道”上）和两所学校（他迟迟入学的罗萨私立学校和位于荒凉的圣墓广场的公立中学）里度过。不过，即便在这些街道和班级里，他也显得出奇地孤僻——比他大一岁的哥哥弗雷德里克（Frédéric）也是如此。他的同学德拉艾在《亲朋回忆》（*Souvenirs familiers*）中写道：“通常，玩耍的时候，学生们总在笑喊；他们却只是交换只言片语，在玩乐时喜欢保持沉默。”人们常说，这两兄弟遵从异常严格的道德束缚。他们的母亲经常带着他们和他们的两个姐妹去往集市，他们排成一列，仿佛昭告着他们的不群与孤独。路易·皮尔甘（Louis Pierquin）[1]写到，首先“迎来的是手牵着手的两个小女孩，维塔莉与伊莎贝尔（Isabelle）；走在第二列的是两个男孩，依旧手牵着手；兰波夫人走在队末，保持着合乎规矩的距离”。这小小的军队在杜卡尔大广场的圆形铺路石上，在鸡蛋篮子和蔬菜箩筐间颠簸前行，行人讶异地望着极端严谨又或许极端疯狂的他们。

---

1 皮尔甘与德拉艾一样是兰波的好友。兰波去世后，他在兰波的家人与出版商之间周旋，使兰波的诗集得以出版。

兰波的妹妹伊莎贝尔

兰波夫人似乎有心在她的孩子身上扩大这种孤独感。她早早便离开了丈夫。更准确地说，他们只在兰波上尉的两次长期驻扎间隙短暂地住在一起。小女儿伊莎贝尔写到——但这或许是她的编造——兰波上尉既活跃又胆大，时而慵懒，时而暴躁。也许他本可以为他的儿子打开一些精神的出口，但他无法忍受妻子恶劣的本性，很快便习惯脱离她的生活，从1860年最后一个孩子出生开始，他大概已与她停止来往。请注意，直到1878年，他才在第戎去世，那时，他的儿子已经在亚历山大港和塞浦路斯开启了第二人生。父子俩或许也不复相见，他们之间只剩下一个在一次久远的夫妻争吵中先被丈夫后又立即被妻子狠狠扔在地上的锡盘，这锡盘“永久地”在兰波的记忆中回响——德拉艾写到。

兰波身边，有长兄弗雷德里克，他又懒又傻，帮不了什么忙；还有两个奴颜婢膝的妹妹，维塔莉和伊莎贝尔。没有什么可以缓和他与母亲之间不停歇的对峙，其中充满外露或内敛的暴力，他因而被封禁在母亲的怨恨和焦虑中。

这位母亲被公认太过严酷。千万别低估她的蛮横，根据目击者的证词，她曾用扫帚把她的孙女们赶出家门，她们有罪，只因她们继承了她儿子弗雷德里克的血脉。弗雷德里克曾有一段“糟糕的”婚姻，她成功地让这段感情破裂了。“你们铸成了我的不幸。”临终的病榻上，对着乏味而又有占有欲的妹妹伊莎贝尔，弗雷德里克将这么说道。[1]

我们不由想起兰波的诗句："父母啊，是你们铸成了我的不幸，也铸成了你们自己的不幸！"[2]兰波夫人固执、贪婪、傲慢、乏味、深藏恨意。她是纯粹能量的化身，被带着盲目色彩的信仰驱使，为虚无与死亡着迷——如果我们相信她在1900年的一些非同寻常的书信里所说的话。虽然描绘她的全貌需要提到那些对葬礼或掘墓的狂热记录，但我就不在此大段摘抄了。只简单提一句，七十五岁时，她叫掘墓人把她放进墓穴，躺在死去的维塔莉与阿蒂尔之间，预先体验漫漫长夜。

只因她心中的深深惶恐，她才变得如此非人。她所遵循的，并非社会习俗（她的儿子身披女性一样的长发，成为夏尔维勒的笑柄，对此她不为所动；她异常宽容地接受了魏尔伦［Verlaine］[3]），而是她附加于自身、控制住自己神经官能症的绝对律令。她不想像她的两个兄弟那般堕落：一个绰号"非洲人"，十七岁时便去了阿尔及利亚，过了多年头脑发热的彷徨日子，死于三十一岁；另一个靠酗酒度日，为了逃离支配他的姐姐，他也经常出走，散尽家财后，在流浪中老去。

1 弗雷德里克于1885年奉子成婚，但保守的兰波夫人无法接受，所以千方百计逼她的儿子离婚。之后，他的一生都不顺遂，于1911年过世，比他的母亲晚了四年。至于妹妹伊莎贝尔，她很眷顾她的哥哥们，她的信件里曾透露出对兰波抛开家庭一个人出去流浪的不满。

2 出自《地狱一季》中的《地狱之夜》（Nuit de l'enfer）。

3 兰波与当时法国著名的诗人魏尔伦曾有过一段同性恋情，详见下文。

破裂的婚姻也留下了伤口。“夫人在草原上立得过于挺直”，在《回忆》（Mémoire）一诗中，兰波带着洞察力与某种爱意如此写道。我们可轻易想象出一位倔强却或许陷入爱河的女性，她在关系破裂后重拾让她远离丈夫的骄傲。“惋惜纯洁的芳草那厚实而年轻的手臂”，她的儿子补上了一句。他引入了水做成的台布这一意象，“无泽、无源、灰暗”，而他自己，“停泊的小舟”，则始终静止。

她无比依恋孩子们。后期的散文诗中，兰波也为此怀念儿童的体肤。“啊，童年，绿草地，甘霖，岩石上的碧水蓝湖，钟楼敲响 12 点出现的月光！”[1] 很快，兰波夫人便厌恶起孩子长成了“小大人”，男性的世界与精神将再一次从她手中偷走她的所有。她试着中止他人生必经的成熟过程。至少，她想要压制他独立与自由的欲望。结果，自视为孤儿的他产生了深深的矛盾情感，对母亲爱恨交织。因为不再被爱，兰波暗暗推断出自己有罪；但出于自身的无辜，他又激烈地推翻这一判断。“河岸边的儿童扑灭厄运……”[2] 然而，被母亲否认是男人，也激励他在她面前成为男人，准备爱她，准备取代父亲的角色，很快，他便因母亲无休止的冷漠而沮丧，但又重新准备好迎接新的拒绝。他太早成为大人，又当小孩子当了太久。

他像极了他母亲，他将拥有同样的固执、天真（或许），

1 出自《地狱一季》中的《地狱之夜》。
2 出自《彩图集》中的《青春》（Jeunesse）。

总之，有一种乡下人的实证精神，再往后，他也将拥有同样的贪婪与傲慢。是否正因如此，他才在母亲面前始终摆出消极、丧气、接受现状、静止不动的模样，却暗中滋养浓烈的憎恨？不过，纵然他被打败了，他的意识仍是自由的。兰波永远都清醒着。我想到了他那首精妙的诗作《七岁的诗人》（Les Poètes de sept ans）。我们可将之视作他童年的真实图景，并在当中看到他精神里蠢蠢欲动的否定力量。

七岁的兰波是什么样子？他的人生里，危机接踵而来；可以肯定，在伊莎贝尔出生后父母分开之时，第一场危机已经光顾了小小年纪的他。他的外祖父尼古拉·居伊夫（Nicolas Cuif）刚刚去世。兰波夫人放弃了主干道上的漂亮公寓，在工人住宅里找了间更简陋的临时住所。她的管教变本加厉，让子女同四周穷人邻居家的孩子们保持距离。夫人保有对丈夫和这个世界的怨恨。她一直用双绉衣物与黑色长裙释放出的阴郁气场来与之抗衡。他，阿蒂尔·兰波，刚刚度过童年的第一个阶段，丈量着自己的孤独。但从他每晚望着回家的工人身上，从他们的疲惫与贫苦中，他得出想法，要改变这迫使他孤单一人的残酷社会。从最开始，他的诗歌便是反叛的，因为它们是失落的爱情，是对“新的爱情”[1]的欲念。

1 出自《彩图集》中的《致一种理性》（À une raison），完整诗句是“你的头一转：新的爱情！你的头转过来：新的爱情！”。

III

作为对童年的讨论的收尾，我想要评论《七岁的诗人》，给出一个能基本捕捉到兰波生活与思想的视角。

首先，我们要在兰波身上确认这爱的渴望、这爱的使命、他自己笔下的“深深的柔情”[1]。他的作品虽满是讽刺与拒绝，却经常出现此类情感，仿佛是他贡献出的一种信任，仿佛是一种召唤。“噢，爱，是普赛克的危难，还是力量？”[2]一整篇《爱的荒漠》（Les Déserts de l'amour）[3]尤其证实了这爱的期待。这些篇章属于兰波最高贵、最动人的文字，它们反复述说这种期待，带着噩梦的焦虑，带着一切终究徒劳的忧愁预感。真的，每当兰波追寻爱情时，他总会预感到失败。“最后，当你饥渴，便有人将你驱逐”[4]，这是一场梦的尾声，收录在《彩图集》中的《童年》。它似乎证实了他遭受过的暴力，证实了不曾忘却的失落——我相信，兰波夫人让她的儿子经受的正是这些。她用爱的匮乏将他赶出了生活的国度。这指的是有着信赖的世界，在那儿，人们不畏随时可能出现的磨难，敢于相信事物与存在并不必然充满恶意或虚幻。最初的谎言具有怎样不可修复的破坏力啊！“这很好，她有着蔚蓝的眼神——它撒谎！”[5]这就是兰波夫人，她对儿子百般注意，在他周围布满警戒，无微不至地照料他，乃至过了头。然而，孩子们中最清醒

1 出自《七岁的诗人》。

2 出自《彩图集》中的《青春》。

3 由两则讲述梦境的短文组成。

4 出自《彩图集》中的《童年》（Enfance）。

5 出自《七岁的诗人》。

的这一位不可能察觉不到，这些意料之中的举动不过是无情的义务。它们像极了爱，是的，因为她给予关照、忧心和体贴，这些都是爱的符号。不过，这符号在撒谎，是纯粹的形式，空洞无物。在兰波眼里，一个完整、有着实质关系的世界，一个用挥霍的爱所创造的世界，被这个从义务里诞生、失去灵魂的机制取代了。孩子感受到了符号的空洞与谎言。符号的意图与其空洞相对立。这些符号逐步坏死，显出它们徒有的外表；它们也腐蚀着它们任用的一切，真实的存在意义蓦然终止了流通。当爱征用事物的时候，它们似乎有了魂魄，且变得明澈。然而，被爱抛弃后，在失落的目光中，它们只剩下死亡的晦暗躯壳。而至于母亲本身，爱的关系本应让她与孩子们无比亲近，她的外貌本应无比清澈，但她却成了晦暗之物，成了不祥之谜。日常世界的全部，属于人的一切，所有社会群体自诩出于爱的目的而做的一切，所有地点，所有住所，所有物品，都满是敌意——它们在装腔作势。而怪诞、污秽和排泄之物将出现在这堆残骸中。兰波发现了——或自以为发现了——情爱的弥天大谎，对他而言，这些怪诞之物便成了证据。他将呼唤它们的到场——在《坐客》（Les Assis）和《蹲》（Accroupissements）之中——把它们当作揭穿虚伪理想的证物，当作引导他看穿人类存在的虚薄及其低劣本性的线索。他与它们相通，就像《初领圣体》（Les Premières Communions）中惶恐不安又一无所有的孩子，他“在茅厕

初领圣体（弗雷德里克［左］，阿蒂尔［右］）（1866年，瓦索涅 摄）

中度过神圣的夜晚”[1]，与爱之中共通的谎言一同度日。

伊桑巴尔，兰波的修辞学老师，曾在一份关键的记录中谈道：“每次母子间新的冲突都会让他的诗作里充满粗俗的意象。”兰波自己把母亲称为“黑暗的大口”（la bouche d'ombre）[2]。爱的匮乏在他身上造成的直接后果，便是晦暗的感官和对存在的瑕疵的执念——因此，我把这种匮乏视为兰波童年遭受的一场真正的形而上谋杀。这谋杀迫使他抱持着“残忍的怀疑主义”[3]，变得好斗、不安。它剥夺了兰波生命中的信赖，而这信赖本是创造与发明的要素。事实上，为了理解兰波，我们得回到柏拉图（Platon）的教导，回忆起爱的形而上学：爱是超越感性、暂缓流亡、参与“真正的生活”[4]的能动（agent），至少，它有着心理的真实，反映出我们的实存（existence）在存在（être）[5]中

1 出自《七岁的诗人》。

2 出自1871年4月17日兰波写给诗人朋友保罗·德梅尼（Paul Demeny）的信。“黑暗的大口”一语源自雨果（Hugo）《静观集》（*Les Contemplations*）里的名诗《黑暗的大口在说话》（Ce que dit la bouche d'ombre）。

3 出自《彩图集》中的《生命》。

4 出自《地狱一季》中的《谵妄 I：疯狂的童贞女》（Délires I. Vierge folle）。

5 本书多次出现萨特（Sartre）现象学的术语。但 existence 和 être 这两个概念在萨特那里非常含混。比如，在小说《恶心》（*La Nausée*）中，existence 通常指的是如同事物、植物、动物一般无意识、无生气的消极存在，在各类 existence 的包围中，主角感到了恶心；而 être 则是人的超验性的存在。但在《存在与虚无》（*L'Être et le Néant*）中，être 似乎变成了不论人与物的各种存在的泛称，大致可分为物的“自在的存在”（en-soi）与人的“自为的存在”（pour-soi）两种；existence 则取代《恶心》中 être 的含义，变成了“自为的”超验性存在（也更接近海德格尔［Heidegger］的术语 Ekastasis）。在本处，existence 与 être 更接近《存在与虚无》中的含义。而在中文语境中，existence 与 être 通常都被翻译成“存在”；在《存在与虚无》的中译本里，有时为表区别，则会把 existence 翻译成“实存”（参见《存在与虚无》，陈宣良等译，杜小真校，北京：生活·读书·新知三联书店，2007年，第3页）。基于此，在本书中，existence 与 être 同时出现时将被翻译成“实存”，其余时候或被翻译成“存在”。

的印刻。爱的剥夺使得兰波无法与存在者（ce qui est）保持可能的共通。他看到真实与意识一道分裂出一种危险的二元对立。

紧要的是，首先，在童年的初期，存在一种对另一个世界的感知，那是更明澈、更自由、在日常的天空之外的世界，某种意义上，这样的感知如此纾解人心，如此“诗意”。《彩图集》中有着千万个童年之梦的遗迹。“在窗玻璃依旧潺潺流动的大房子里”[1]（这已非现实，意识已然漂泊，晦暗已然消失，敌意的天空开始放晴），我们明白兰波便是其中一个“服丧的孩子”，他们正看着“美妙的图像”[2]。这些孩子创造了别处。当他们看到或以为看到“一辆小车被废弃在矮树林里，或沿着小路奔跑滑落，披着饰带”[3]，抑或“大路上，森林边，一群装扮好的小演员”[4]；当盛大的马戏团——“仙境中的游行。真的：马车上装满金色丛林里的珍禽、旗杆和五彩的帆布，由马戏团的二十匹花斑马拉着疾驰，孩子与大人们骑在最惊人的牲畜上”[5]——在城市里短暂地歇息；当他们在杂志上看到“笑着的西班牙女人和意大利女人”[6]，他们就无比畅快，还想要逃离自己生活的地方。不幸的是，他们不明白，先要改变的正是他

1 出自《彩图集》中的《洪水过后》（Après le Déluge）。
2 同上。
3 出自《彩图集》中的《童年》。
4 同上。
5 出自《彩图集》中的《车辙》（Ornières）。
6 出自《七岁的诗人》。

们的所在之处。

“我们没有真正活在人世。”兰波写道，“真正的生活缺席。”[1]事实上，他很快便进入了一种更深层的对立之中。此地，这阴郁的道德视域，与遵循自然的生活全然相反，而自然有着天真、自由的本质，接受着普遍之爱的光辉。《太阳与肉身》（Soleil et chair）里写到，男人与女人从原初的明澈性中坠落了。他们忘记了“维纳斯的永恒诞生”[2]……兰波与自然之物的联系完好无损：与花草，与黎明[3]，与高高的海面上方的乌云[4]。他那著名的“渴”[5]或许不过是一种转换，将另一种无法止息的更隐秘的焦渴，转化成对他尚能接触到的物质资源的渴望。他在自然中也发现了污垢，但他不会以为自然摧毁了人类的追求，相反，这不过是自然有着精神和道德优越性的证据，它不愿屈尊玩起有关理想的下贱游戏。“啊，陶醉的蠓虫小蝇喜欢琉璃苣，它们在旅店的小便池上飞舞，愿一道光线把它们驱散！”[6]真正的光能驱散晦暗的符号。唉，但它却无法容纳这喜爱光明的人。“我步履艰难地走在恶秽发臭的小巷，双目紧闭，

1 出自《地狱一季》中的《谵妄 I：疯狂的童贞女》。
2 出自《彩图集》中的《城市 II》（Villes II）。
3《彩图集》中有《黎明》（Aube）一诗。
4《童年》第 II 节结尾写道：“永恒的热泪汇成了高高的海面，上方乌云密布。”
5 兰波写有诗作《渴的喜剧》（Comédie de la soif）、《饥饿的节日》（Fêtes de la Faim）和《饥饿》（Faim，见《地狱一季》中的《谵妄 II：言语炼金术》[Délires II. Alchimie du verbe]）。
6 出自《地狱一季》中的《谵妄 II：言语炼金术》。

委身于火神，太阳。”[1] 纵然被最明亮的光线包裹，兰波的灵魂依旧漆黑，无法得救。

我已概括出了兰波撒向他所有作品里的情感与信念。

我们将与他一起在其思想的生成中重新创造这些情感与信念，直到决裂的一刻。我们将检验它们的真实，或至少将它们作为一种诗性真理来接纳。但此刻，我仍想在身为小孩的兰波、在他本该成为的自信男人身上稍作停留——我想谈一谈这些想法因太早地降临到他身上而对他造成的伤害。是啊，或许，人们注定有这样的想法：人类的场合满是谎言，社会在堕落，我们的存在被窒息。是的，或许，如今我们都必须把我们的歇斯底里与永恒的维纳斯[2] 相对立——如《初领圣体》里那个动人又沉痛的声音所说。但这是大人的事务，而年轻的兰波慷慨地承担了我们所有的厄运，他在依旧稚嫩的意识中过早确立了对厄运的感知，这只会加深他的自我厌恶，只会让他远离这个世界的美丽——而他已确认了其中的价值——因为在先厌恶自己之后，人已没法真正去爱。摧毁他的，还有他清醒的神志。通过旅行，他试图到达神奇的国度；通过“理智地扰乱所

1 出自《地狱一季》中的《谵妄 II：言语炼金术》。

2《初领圣体》中有这么一节：“当她交还了歇斯底里的扭结，/ 在幸福的忧郁中，她将看到，/ 梦见无数纯白玛利亚的情人，/ 爱之夜的破晓，满是柔情。”我们还可以联想到波德莱尔（Baudelaire）在《我心赤裸》（Mon cœur mis à nu）中写下的那句话：“永恒的维纳斯（任性、歇斯底里、妄想）是魔鬼的一种诱惑方式。”

有的感官”[1]，他试图在肉体中唤醒最天然的自发性。但他始终带着《耻辱》（Honte）中描述的自我厌恶，以及灵肉之间无解的矛盾。

这样一颗心灵，一边是“种种神秘的温柔体贴”，是《地狱一季》中疯狂的童贞女证实的善意；而另一边则是决绝的恨，是或许可称作一副面具的恶意[2]，但这恶意已渗入他存在的深处，将他摧毁。“我把自己武装起来，反对正义。我逃走了。女巫，灾难，仇恨，啊，我的珍宝财富都交付给你们了！我终于把人类的全部希望在我脑子里彻底破灭。我像野兽一样跃起，把一切欢喜统统勒死。”[3]1873年，兰波试图驱走他的恶魔，但最终失败了。因为他最深也最致命的矛盾，是一种强力与一种软弱之间的矛盾。他是不知疲惫的行者，不曾歇息的创造者，在非洲，他将成为最狂热的工作者，他携带的能量全被释放——仿佛圣人，抑或“不屈的苦役犯”——因为他无法追求一般人追求的目的。但当他试图解决难题时，他却被夺走所有的资源，被偷窃。他明白，他是洗礼圣事的奴隶。他明白，离开外省、离开母亲后，他依然有一个敌人，一位胜利者：基督教。“基督，噢，基督，能量的永恒窃贼！”[4]在《初领圣体》里——以及之

1 出自1871年5月15日兰波写给德梅尼的信，即著名的“通灵人书信”（Lettres du voyant）的第二封。

2 兰波在1870年11月2日给伊桑巴尔的信中写道：“我在平庸、恶意和灰暗中沉沦、死亡。”

3 出自《地狱一季》中的序诗。

4 出自《初领圣体》。

后在《地狱一季》里、在《彩图集》里——与其说宗教让精神走上歧途，不如说它让所有存在枯竭。这兴许解释了兰波身上的最后一个矛盾：他在研究诗歌时拥有纯粹的智性，但为了达到目的，却满足于物质手段、酒精和印度大麻。乍看之下，这十分怪异。但如同情感的异化成为毒药[1]、成为几乎只是肉体层面的疾病，为了寻回太阳之子的状态[2]，兰波也必须复苏身体中紊乱的动物之能。若仅有精神在工作，那尚未开始前，他便知自己会被打败。

兰波被如此不公正地剥夺了一切。但在空无的坩埚中，我们也要认出异化与厄运造出的意料之外的黄金。更进一步的话，我要在社会学与心理学为我们提供的阐释之外，提出另一种决定论，以及它带出的另一种批评形式。如果说兰波成为兰波，如果说他平庸的生活条件与如此不屈的诗作能形成强烈的对比，那这其中的原因便超出了马克思主义的或弗洛伊德式的分析范畴。比如，我们必须发掘出另一种必然性，唯有它阐明了兰波从受害者到诗人的蜕变。这种必然性隶属于形而上层面。它与事物的天性无关，而与它们的存在相关。是啊，一切就这么发生了，仿佛存在本身的崩塌，即可能性降格为惰性、实存的事物——社会、道德化的宗教、封闭的道德、死物——都被一种特殊的存

1 “毒药”一词经常出现在兰波的诗句中，比如，“我曾吞过一大口毒药”（《地狱之夜》），“毒药将留在我们全部的血管里”（《沉醉的清晨》）。

2 兰波在《彩图集》中的《流浪者》（Vagabond）里写道：“我满怀诚心，尽力使他恢复到太阳之子的原初状态。”这句话在下文会被多次引用到。

在自愿地、完全地、艰难地承担下来，诗歌试图引发的觉醒因此得以可能。灰烬中，总有残存的火花——一次追忆，一段遥远的模糊记忆，“体质正常的人，肉体不正是园中累累下垂的果实，噢，孩童的白昼！肉体，可供肆意挥霍的财宝；噢，爱，是普赛克的危难，还是力量？”[1]——这时，火光将重燃。19 世纪末，也曾爆发过一次爱的普遍危机。“我们在我们古怪的心灵里摧毁了生命之爱，”维利耶·德·利尔 - 阿达姆[2]写道，“我们变成了自己的魂魄，这已是现实！此后，对生活的接受，不过是对我们自身的亵渎。”马拉美（Mallarmé）的想法亦与此接近，对时代的宿命的妥协将诞生出一整代文学——但是兰波，他啊，却试图重新创造爱情[3]，试图盗火[4]，将自己置于我所称的英雄的因果性（causalité héroïque）之中……是的，面对历史命运的挑衅，我们总有两种回答：要么屈服——心理学与社会学分析关乎事物之间的相互联系，也因此更适合被用来解释这种消极性；要么反抗，力争实现被命运扼杀的可能性——在因果分析败下阵来的那个瞬间，诗歌起航了。

---

1 出自《彩图集》中的《青春》。

2 维利耶·德·利尔 - 阿达姆（Villiers de l'Isle-Adam，1838—1889），出生于布列塔尼的法国象征主义作家，马拉美的好友，代表作是短篇故事集《残酷故事》（*Contes cruelles*）、科幻小说《未来夏娃》（*L'Ève future*）。此处引文出自他死后出版的剧作《埃克塞勒》（*Axël*）。

3 兰波在《谵妄 I：疯狂的童贞女》中写道：“爱情还有待于重新发明。”这是他的名句之一。

4 兰波在 1871 年 5 月 15 日给德梅尼的信（“通灵人书信”第二封）中写道：“诗人确实是盗火者。”

因为，在这个被天生的必然性支配、走向尽头的封闭世界，对不可能的尝试至少是存在被唤醒的情感，是死亡的敞亮直观（intuition）。

真的诗歌是重新出发，它在死亡毗邻处诞生、再现。我们称为“诗的使命”的，不过是一种反抗的意愿。大多数时候，庸俗存在的沉闷睡眠让斗争成空，这通向死亡的睡眠啊。

影与光

I

“爱情还有待于重新发明”，这便是兰波的任务。

为了完成它，为了将现实复归到原初的明澈里，为了找回“真正的生活”，他自然要向语言求助。因为在黑暗之中，词语有着独特的照耀之力。词语所命名的事物，即便与日常视域妥协，也只保留着纯粹。被命名者，是与其原初状态相联结之物。被言说者，只要我们郑重地念出词语，且不考虑其实用性，词语便预备好在另一个世界迎接我们，在那儿，“无限生命的琼浆”[1]拥有最具体的实存形式，没有什么可以夺走它。诗的语言暗示出存在。正因如此，它给予我们希望——但我们必须即刻质疑这种希望。迷恋词语，进入词语统治的更光明的国度，这难道不是在搭建空中楼阁[2]？享乐于幻梦，现实（兰波永不忘记这“坎坷不平的现实”）却离我们远去。主观的思想美艳动人、资源富足，至少在欲望的清晨是如此。但它是失去王国的皇后，注定要承受夜晚的厄运。兰波在《彩图集》中写道：“我

1 出自《太阳与肉身》。

2 原文作“lâcher la proie pour l'ombre”，是法国的一句谚语，直译即“为影子释放猎物”，意思是“为了某件虚假的事情，而放弃了真实之物”。此处的“影”与前半句中的“光”形成对比，而这也是本章的主题。

愿她成为皇后！”[1]对着诗中一对既动人又虚幻的伴侣——一个人和他的幻想——几乎不带一丝苦涩，兰波继续写道：“事实上，每个清晨，窗口拉开胭脂红的帷幔；每个下午，他们沿着棕榈树花园的一侧前进，这些时候，他们都是国王。”[2]

于是乎，诗的言语（parole）[3]既是希望，也是危难。但它至少就此成了一种警戒的状态，让人避开最大的灾祸：在现代言语中忘却存在。诗的“见证者”或许——通过他自身的言语——比任何人都更像是流浪者，但在情感和精神上，他被守护着不致迷途。兰波在《地狱一季》的前几页里这样写道：“我嘛，我可是完好如初。”[4]诗与孤独一样贫瘠，但它也时常拥有增进活力的功效。如果把诗视作对堕落之言语的抵抗，诗便像极了沉默。在兰波那里，诗与他著名的缄默有着同样的本质，它是先行者，预告着兰波最终的诀别。

兰波很早便知道，词语能寄出希望、复归明澈、使人相信拯救的可能。在这里，我将给出一些线索。他的中学时代留有一份拉丁语诗稿《学生的幻想》（Le Songe de l'écolier）。它的主题出自贺拉斯（Horace）的一小节诗作，讲述了“不无神启之下”（non sine Dis），一群斑鸠为孩

1 出自《彩图集》中的《王权》（Royauté）。
2 同上。
3 在本书中，我们将“Alchimie du verbe”（言语炼金术）中的“verbe”也译为“言语”。而关于“parole”，详见译后记。
4 出自《地狱一季》中的《坏血统》。

子铺上月桂与爱神木的枝叶。[1] 但兰波的思想已超越这则故事本身，直达诗歌的奥秘之处。被照耀的喷泉这一隐喻向诗歌期许的，是诗歌能回到原初的明澈，炙热又通亮。我们可因此理解兰波希望有朝一日以何种方式寻回“太阳之子的原初状态”：

一道豁亮的白光
在我的肩胛上扩散，为我全身披上纯洁的亮彩：
这道亮光不似那阴沉的光，
夹杂着阴影，昏暗我们的视线
［……］
“你将成为诗人”……我的四肢里
渗入了不寻常的灼热，纯净的水晶闪烁着，
太阳照耀，清澈的泉水发出火光。[2]

II

中学生涯里，兰波想必写了许多诗，只是如今散佚了。

现存诗作里最早的一首《孤儿的新年礼物》（Les Étrennes des orphelins），体现了兰波在韵律方面的才能，这是对语言的经年思考和练习的结果。这首诗是他初期写作方式的最终例证，或许也是代表作品。它讲述着那段被遗忘的时光，那比起青少年来说更接近孩童的年代，兰波

1 参见贺拉斯《颂歌》（*Carmina*）第三卷第四首。
2 出自兰波早期的拉丁语诗作《春天》（Ver erat）。

将写作中最单纯的愉悦——词语间天真的和谐、满韵、生动但符合常规的修饰语（épithètes）、雄辩——与卑微的情感满足紧密联结在一起。这些诗句并非偶然地讲述了失去母亲的孩子们，他们在节日的夜里被遗弃；兰波颂扬这些孤儿时的柔情，清晰地显示了他在幻想里期许着怎样的补偿。这些诗句所展示的世界略显做作，满是蓝色与粉色，这是孩子们全被宠爱的感伤文学的国度。可以看出，兰波向诗歌讨求着无人教会他的自我尊重；他自视失去了母亲，因此，他希望孤儿至少在诗歌中能处处受到关爱。

总之，他讨求的，是理想，是幻象。这都是些平庸之道，他的天才尚未彰显。1870 年初，他也不似之后他将变成的模样。秋天，他进入了修辞班，仍是伊桑巴尔那时刚刚留意到的“拘谨、听话、寡趣的学生，指甲修剪整齐，作业簿不留污迹，作业正确得惊人，课堂笔记学究气十足”。但在这一年最初的几个月里，一场危机扰乱了他。他的肉欲爆发了，赋予了世界另一种秩序与意义，将肉体之美展示成在悲苦之地的黑暗中仍完美无瑕的黄金。

1870 年的兰波（德拉艾 绘）

这是希望的教诲，存在建筑于此。诗的工具——词语指向寻常现实之外的他物的能力——似乎找到了使用的方法。急切的兰波完成了《感觉》(Sensation)与《初夜》(Première soirée)，他将他的言语向最贴近本能的生活开启。诗歌不再斥责现实，而是不断召回现实的富饶，维持感官的警戒，让精神准备接受言语所无法给予的下一次征服。兰波如此称呼它：波西米亚[1]诗学。如同社会关系中了无牵挂的人，诗必须在感觉中捕捉到自然的纯粹之物和自由的纯粹酵素。诗也应形成一套幸福生活的理论，《太阳与肉身》正是这么做的。这首诗高声拒斥我们讨论过的异化。他在永恒的维纳斯中超越异化，颂扬生命中的惶惶状态，在物质的背叛之外，重拾土地的丰饶之爱；同一瞬间，他又说“另一位神”[2]是恶，不应追随他。一股巨大的力量赋予《太阳与肉身》以生气。我们或可相信，兰波在其中成了命运的主宰。不过，这般勃勃生气缺乏可靠的信念，它是多么脆弱啊！如果这里确有一股力量，那不过是来自一个未受考验的希望：通过确立、阐明一种思想，赐予它诗性表达的光泽，诗人将获得一种自由，让他不久后在生活中把这一思想付诸实践。

事实上，那时周遭的些许变故也巩固了这种希望。他的童年结束了，他的母亲略略放松了她焦虑又粗暴的监管，

1 兰波在《感觉》中写道：“我什么也不说，我什么也不想：/ 无尽的爱却涌入我的灵魂，/ 我将远去，去很远处，就像波西米亚人，/ 与自然相伴，快乐得如同伴有一位女郎。”

2 出自《太阳与肉身》。指基督教的上帝。

乔治·伊桑巴尔（约1870年）

夏尔维勒的中学里又恰好来了一位非常年轻的教师，他同为诗人，曾在巴黎生活。对他的学生而言，乔治·伊桑巴尔将会成为某种天意。尽管伊桑巴尔时常畏首畏尾，个性过于“艺术家”，他顺着那个时代最坏的怪癖之一，将诗歌与“资产阶级”相对立，这些都与兰波格格不入。但他天性热情慷慨，通过友情与信任的力量，他将催熟兰波的才智，坚定他的信念，帮助他固实自我的选择。直到来年的7月，兰波都在准备学院竞赛，他创作了无数拉丁语诗歌。同时，他也学习着文学，热切地将文学视为对生活的见习。还是学生的他第一次知道了帕纳斯诗派[1]，知道了拉丁区[2]，知道了出版商与书商。“两年内，或许一年内，”在寄给邦维尔[3]的一封略显造作的信中，兰波写道，“我会去到巴黎——Anch'io[4]，报界的先生们，我将成为帕纳斯诗派的一员！”他往下写道：“亲爱的导师，如果您能使《Credo

1 帕纳斯诗派（Parnasse），又译“高蹈派”，19世纪中后期作为浪漫派的反动而出现的诗派，以《当代帕纳斯》（*Le Parnasse contemporain*）的系列诗集为核心进行运动。它反对浪漫主义多愁善感的主观诗学，也反对文学对政治的介入，因此信奉戈蒂耶（Gautier）提出的“为艺术而艺术”（l'art pour l'art）的口号，崇尚一种去人格化的客观诗学，并坚持对诗歌形式的严谨钻研。该诗派主要人物有泰奥多尔·德·邦维尔（Théodore de Banville）、勒贡特·德·列尔（Leconte de Lisle）、弗朗索瓦·科佩（François Coppée）等。魏尔伦与波德莱尔也曾为《当代帕纳斯》供稿。

2 位于巴黎五区和六区之间，以索邦大学为中心，是巴黎著名的学府区。之所以叫“拉丁区”，是因为中世纪这里以拉丁语作为教学语言。

3 泰奥多尔·德·邦维尔（Théodore de Banville，1823—1891），法国诗人、剧作家、文学评论家、记者，帕纳斯诗派代表人物之一，是波德莱尔、雨果和戈蒂耶等人的好友。其代表作是《奇歌集》（*Odes funambulesques*）。

4 意大利语，意思是“我也是”。

泰奥多尔·德·邦维尔

in unam》[1] 在帕纳斯诗派中占据一席之地，我会因喜悦与期望而发狂……我将登上帕纳斯最新的合集：它将成为诗人们的 Credo[2]！……野心！噢，疯狂！……”[3]《Credo in unam》，这首被寄予了所有野心的诗，之后换了标题，成了《太阳与肉身》。

邦维尔从未发表这首诗，兰波定是很快察觉到了自己的要求太过出格，随后放弃了希望。从春季开始，他写了不少讽刺诗，腔调已大为不同。我想到了《维纳斯从海中诞生》（Vénus Anadyomène）和《达尔杜弗的惩罚》（Châtiment de Tartuffe）。[4] 在这里，语言被迫为那些最肮脏的外观命名。这两首十四行诗的前一首将《太阳与肉身》中的库普里斯[5] 与一位赝造的维纳斯相对比，后者从一个公用浴缸里诞生，“肛门溃烂，丑陋地美丽着”[6]。入夏后——许久过后，兰波会写道：“我在夏日的绝望”[7]；以及：“我憎恨夏日，它杀死了我”[8]——别的诗作将加深这阴暗的观念。《妮娜的妙答》（Les Reparties de Nina）已然宣称，在他不久前仍视作希望的美艳肉体里，只有愚蠢和冷漠。

1 拉丁语，意思是“我信唯一”。

2 拉丁语，意思是“信仰”。

3 出自 1870 年 5 月 24 日兰波写给邦维尔的信。

4 爱神维纳斯从泡沫中诞生是非常著名的神话素材，波提切利（Botticelli）等艺术家都以此创作过著名的作品。兰波利用这个题材，写了一篇戏仿之作。达尔杜弗是莫里哀（Molière）最有名的喜剧之一《伪君子》（*Le Tartuffe*）的主人公。

5 塞浦路斯人对爱神阿弗洛狄忒（维纳斯）的称呼。

6 出自《维纳斯从海中诞生》。

7 出自《彩图集》中的《工人》（Ouvriers）

8 出自 1872 年 6 月兰波写给德拉艾的信。

或许，兰波刚从几位心不在焉的“妮娜”那里尝到了些苦头。另外，他即将孤身一人——伊桑巴尔出发去度假——国家的灾难引发了一连串荒唐事[1]，他为此作呕。“真可怕，连退休的杂货店老板都重新披上了军装，”8月25日，他在给伊桑巴尔的信中写道，“[……]我不适、难受、狂怒、愚钝、惊愕。”他的失望加剧了，更因为他曾相信自己已经战胜了它。《太阳与肉身》是信仰的证明。他明确写下了爱是伟大的信仰，事实上，他还暗示，为了爱继续存在，我们必须信仰它。然而，他的热情消退了——写作的热情——厌恶之情重出水面。

某种意义上，1870年春夏的这些早期诗歌极富创造力，或许它们无法如作者所愿创造出一种资产、一种拥有，但它们创造了一种认知、一种发现。兰波不由自主地发觉：光说话不足以改变任何事，光作出断言也不足以让人生存，当我们决心逃离现实时，言语声称可以取代它，但它其实没有能力去给予我们现实。他发觉，如果我们想要改变存在之人事，且想首先改变自身，我们必须依靠言语之外的某种事物，那些久经考验的、真实经验过的事物。如此看来，比起他浩宇般恢宏诗作中的狂热激荡，兰波的滑稽诗与讽刺诗——《乐曲声中》和《达尔杜弗的惩罚》——更接近革命性的选择。《维纳斯从海中诞生》与先前的抨击性诗

1 1870年8月，普法战争爆发，以法国惨败告终。

歌《铁匠》（Le Forgeron）[1] 暗暗联结。如果我们相信德拉艾的话，从很久以前开始——在十三或十四岁的年纪——兰波便梦想他所生活的社会被暴力摧毁。1870 年日渐流逝，一个理念愈发清晰地在他的意识里形成：一场新的革命必须完全改变这个社会的视域。时机已备。学校颁布奖项之日，也是兰波最后一天当学生的日子，他带着能想到的所有荣誉走出校门，同时，帝国的第一条噩耗传来：威森堡战役[2]，法国败北。既定的秩序分崩离析。难道不正是因为秩序只是显象，因为它难以控制更真实的力量——工作、直观的需求……——所以只有未来的同盟才能够战胜基督教，将宗教囚困的爱重新解放出来吗？“我们心中有种东西就好像是爱情”[3]，反叛路易十六的铁匠向国王展示狂暴与肮脏的人群时这么说道。各路工人、弱者、流亡者都是兰波的同盟。但他自身的目的远在单纯的社会革新之外。他想要重燃光亮，当他发觉可以用另一种更彻底的方式改造现实的时候，他便立即把政治抛到了脑后。

8 月末的一个夜晚，兰波猝不及防地逃向了巴黎。他在散步时抛下他的母亲和妹妹，先乘上了开往沙勒罗瓦[4] 的

---

1 此诗受到雨果《惩罚集》（*Les Châtiments*）的启发，参考了法国大革命时期的一件真事：路易十六（Louis XVI）遭受一名叫朗让德（Lengendre）的屠夫的质问。

2 威森堡位于法德边境的下莱茵省，1870 年 8 月 4 日在那里爆发了普法战争的第一场战役。

3 出自《铁匠》。

4 比利时南部城市。

火车，再折往巴黎[1]。我们无从得知他遵从的是行动还是诗歌所施予他的命运。这场逃离中，固然有着对革命的渴望。人们说，兰波想要亲眼见证帝国临近的陷落。然而，他也渴望在一个真实的地点——属于文学的神秘巴黎——在一个关键的时刻，检验他所怀疑的诗歌的力量。

III

他没有实现这场检验，因为他逃票登上了从圣康坦[2]到巴黎的火车，结果被扔进了监狱。更深层的原因是，一段休憩的时光暂时缓和了他焦虑的心绪。他或许从伊桑巴尔那里听说了冉德尔（Gindre）姐妹[3]的住处。兴许，在缪斯与正义[4]的高呼之外，想去她们那里瞧一眼的愿望也在他心底添上了喃喃细语。总之，最终，兰波被关进了马萨监狱[5]，他像个走失的孩子般呼唤起伊桑巴尔。“我把希望寄托在您身上，”他写道，“……做所有的一切！我像爱兄弟一样爱您，我将像爱父亲一样爱您……如果您能

1 8月29日，普鲁士军队已经切断了勒泰勒与兰斯之间的直达线路。或许，兰波如此急迫地离开，是因为担心长时间内再无法去往巴黎。——原注（译按：勒泰勒是夏尔维勒所在的阿登省的副省会；兰斯是香槟 - 阿登大区马恩省的城市，距离巴黎市约 130 千米。）

2 法国北部城市。

3 伊桑巴尔生于 1848 年。次年，他的母亲死于霍乱。身在杜埃（靠近比利时边境的法国小城）的冉德尔姐妹把他抚养长大。他称呼她们为“阿姨”。

4 兰波在《仁爱修女》（Les soeurs de charité）中写道：“碧绿的缪斯与火热的正义之神。”

5 马萨监狱位于巴黎的里昂火车站附近，于 1841 年落成，1900 年被摧毁。

使我获释，请把我带到杜埃。”[1]不久后，他便被释放，住进伊桑巴尔家里。在这里，我得提一件重要的事：几乎从出生开始，伊桑巴尔便失去了母亲，而他的父亲和兰波诗中孩子们的父亲一样，“异常遥远”[2]。他被上述四位冉德尔姐妹接过来抚养长大。他真心爱着她们。“您啊，您真幸福，不再住在夏尔维勒！”[3]出走之前的几天，兰波曾在信里这么写道。

在杜埃，兰波似乎很放松，兴许还很开心。我们看到，他与伊桑巴尔一起加入了国民自卫军，这不过是件国防的小差事，扫帚作为武器代替了步枪——早在夏尔维勒，他就恰当地称之为“巡逻小队主义”（patrouillotisme）[4]——若说他同意在市镇的牧场或为退休的军士做些杂活，别怀疑，这只是情绪得到初次安宁时他出于宽容与愉悦而玩的游戏。这些远离母亲家的日子是如此难以忘怀。当伊桑巴尔不得不把他转送回夏尔维勒时，他这唯一的朋友前脚刚离开，兰波便在10月7日再度出逃。他走在通往比利时的风光明媚的大道上，一路靠近杜埃。10月10日，他再次来到冉德尔姐妹家中。伊桑巴尔事先收到了“黑暗的大口”的警告，他徒劳地在菲迈[5]、沙勒罗瓦和布鲁塞尔追寻兰波

1 出自1870年9月5日兰波写给伊桑巴尔的信。
2 出自《感觉》。
3 出自1870年8月25日兰波写给伊桑巴尔的信。
4 同上。
5 阿登省的小城。

的踪迹，最后终于在杜埃找到了他。是日，兰波正安静地用漂亮的白纸“为印刷商”抄写一路上所作的诗歌。

这簿子[1]被幸运地保存了下来。它显示，在阿登省的路途中，在希望的跃升中，阿蒂尔·兰波写出了他最明朗、最愉悦自由、最像孩童般无拘无束的诗歌。去往沙勒罗瓦的路上，在松柏与小河间，在10月的阳光下，他度过了短暂的晴日。他并未去到传说中所有问题迎刃而解的别处，但在这里，悲痛之心被抛弃，纵是旅途的疲乏、夜晚的饥寒，也成了为达到真正的开始而付出的代价。这位行路人把晦暗的现实抛诸脑后，不断变换的物理视域似乎证实了救赎的存在。一切都预示着可能，诗的言语与这种可能一道重生，两者彼此交融。词语始终说着另一个世界的纯洁与光亮；而途中只是匆匆览过的事物并没有否认词语的真实，“温热的醇酒”[2]、“旅店”[3]、“女佣”[4]似乎成了某种即将到来的神秘显圣的暗号。“像爱做梦的小拇指，一

1 即杜埃诗簿（Cahier de Douai），收录了兰波在1870年创作的二十二首诗歌。他将诗簿交给了德梅尼，但这些诗歌在当时并未被出版。

2 出自《地狱一季》中的《谵妄 II：言语炼金术》，完整诗句是“我曾热爱沙漠，烧毁的果园，破落的店铺，温热的醇酒”。

3 “旅店”这个意象在兰波的诗中经常出现，比如上文已经提到过的《坏血统》中的一段：“当我还是孩子的时候，我就敬慕关在牢中不屈的苦役犯；我曾经遍访他逗留过的、已成为圣地的旅店和出租的陋室。”再举个例子，《彩图集》中的《童年》第 II 节写道：“沿着红色的道路，人们来到空空的旅店。”

4 杜埃诗簿里收录了《绿色小酒馆》（Au Cabaret-Vert）和《狡黠的女孩》（La Maline）这两首相似的诗，它们描述了同一个场景：兰波在一家小酒馆休息时，店里一个热情撩人的女佣走来送给他一个吻。

路上 / 我剥落诗韵［……］。”[1]这双亲曾想要遗弃的孩子，他的精力让他重新获得了出行的力量与希望的勇气，他是否接近了他真正的驻留之地，那屹立在不完美的四季之外的城堡[2]？兰波从未像在这些诗——《绿色小酒馆》、《狡黠的女孩》、《我的流浪》——里一样，给人留下相信他已碰触“真正的生活”之门的印象，即便在《沉醉的清晨》——这首诗里，苦难与伤痛继续并存，灵魂依旧晦暗——中也没有。

旅途的终止让他的幻想破灭了。几日过去，伊桑巴尔家中无任何新鲜事，只有兰波的母亲传来指令，要求警察“免费”将兰波押回家中。“不能动身出行！”[3]没有“隐蔽之所”[4]，没有“城堡”。“再向前进，或许只剩下世界的尽头。”[5]是的，正是回想起了这段无比关键的考验，兰波才会在《地狱一季》中写出他最苦涩的诗句：“啊！我的童年生活，

---

1 出自《我的流浪》（Ma Bohème），与《绿色小酒馆》等作于同一时期。小拇指是法国民间故事中的人物。他是一个伐木工家七个孩子里最小的那个（因身材矮小而得此名）。由于家庭陷入贫困，七个孩子两度被父亲遗弃。第一次，小拇指偷听到父母的谈话，把事先准备好的白色石子扔在父亲遗弃他们的路途中，顺利带着他的兄弟循迹回家。第二次，由于前次计谋被父亲识破，小拇指这回无法事先准备石子，于是他将随身携带的面包掰碎扔在路上，但面包碎被鸟儿吃了，后来他们无奈住进一个食人魔家里，经过一番斗智斗勇，他再次带着他的兄弟回了家。此故事后被夏尔·佩罗（Charles Perrault）编录进《鹅妈妈的故事》（*Les Contes de ma mère l'Oye*）。另，此处“爱做梦”也可译解为“爱思考”。

2 参见《“噢，四季，噢，城堡……”》（« Ô saisons, ô châteaux... »）：“噢，四季，噢，城堡，/ 什么样的灵魂完美无缺？”这首诗的另一个版本收录在《地狱一季》中的《谵妄 II：言语炼金术》里。

3 出自《地狱一季》中的《坏血统》。

4 《最高塔之歌》（Chanson de la plus haute Tour）中有“庄严的隐蔽之所”一语。寻找庇护之地，是兰波诗中经常出现的思想。

5 出自《彩图集》中的《童年》。

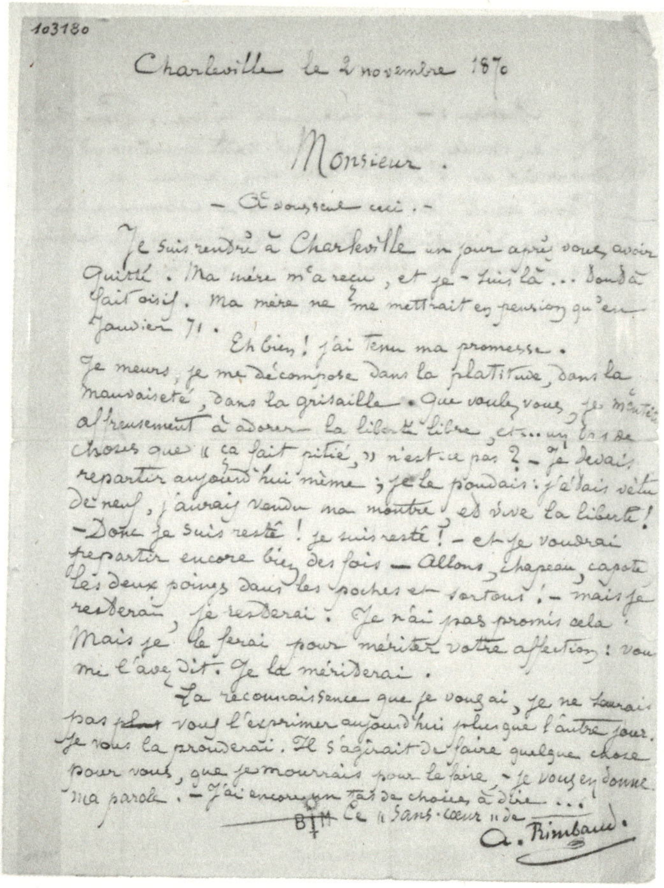

103180

Charleville le 2 novembre 1870

Monsieur.

— A vous seul ceci. —

Je suis rentré à Charleville un jour après vous avoir quitté. Ma mère m'a reçu, et je — suis là... tout à fait oisif. Ma mère ne me mettrait en pension qu'en Janvier 71.

Eh bien ! j'ai tenu ma promesse.

Je meurs, je me décompose dans la platitude, dans la mauvaiseté, dans la grisaille. Que voulez-vous, je m'entête affreusement à adorer la liberté libre, et... un tas de choses que « ça fait pitié », n'est-ce pas ? — Je devais repartir aujourd'hui même ; je le pouvais : j'étais vêtu de neuf, j'aurais vendu ma montre, et vive la liberté ! — Donc je suis resté ! je suis resté ! — et je voudrai repartir encore bien des fois — Allons, chapeau, capote les deux poings dans les poches et sortons ! — mais je resterai, je resterai. Je n'ai pas promis cela ! Mais je le ferai pour mériter votre affection : vous me l'avez dit. Je la mériterai.

La reconnaissance que je vous ai, je ne saurais pas ~~plus~~ vous l'exprimer aujourd'hui plus que l'autre jour. Je vous la prouverai. Il s'agirait de faire quelque chose pour vous, que je mourrais pour le faire, — je vous en donne ma parole. — J'ai encore un tas de choses à dire...

Ce « Sans-cœur » de

A. Rimbaud.

BIM

1870 年 11 月 2 日兰波写给伊桑巴尔的信

在任何时间都是一条大路，超于自然的质朴，比最好的乞丐还要无私，没有故乡，没有朋友，这是可以自豪的，又是多么愚蠢。——我看只有我才是这样！”[1]加深的执念前来昏暗了他的诗作。

在比利时与杜埃的旅途中——在《绿色小酒馆》、《狡黠的女孩》、《惊呆的孩子》（Les Effarés）中——他已找回他希望如其所是的事物，它们单纯、明澈。在这些幸福的日子里，为了自我免罪、自我治愈，他开始理解自我。我从不怀疑，如伊桑巴尔所说，兰波在这一时期至少完成了《七岁的诗人》的底稿。不错，这首有关自我意识的长诗与旅途中的那些十四行诗相比，无论在精神层面还是文学层面都有着十足的进步，但兰波的进化总是十分迅速，这也是毫无疑问的——尤其是，只有在这时，他才能如此客观、平静，保持如此的间离。被遣送回家后，迎接他的自然是像先前一样，即伊桑巴尔口中的“真正的怪物”。自 11 月 2 日起，兰波给他写信道：“我在平庸、恶意和灰暗中沉沦、死亡。”此后，他长久地听命于一种封闭、着魔的言语，它载满他的怨恨与恐惧留下的残渣。

我想到了《坐客》、《晚祷》（Oraison du soir）、《巴黎战歌》（Chant de guerre parisien）、《我的小情人》（Mes petites amoureuses）、《蹲》和《教堂的穷人》（Pauvres à

1 出自《地狱一季》中的《不可能》（L'Impossible）。

l'église）——之后数月里的所有诗作。彼时，他曾激昂地向言语求助，如今言语只剩下净化愤怒的功用。我试图在“晦暗”一词中、在他对事物的嘲讽中、在对丑陋之物的玩世不恭的影射中、在压倒灵魂的物质过剩中所捕捉的状态，这一次几近胜利了。1870 年至 1871 年的冬季与春季，是个游移不定的阴郁时期。兰波在乡间漫步，在市立图书馆漫读，在冬日的风景、狂卷的西风中胡乱思想。他的反抗如此激烈，乃至他拒绝复学。1 月 1 日，他目睹普鲁士军队轰炸了毗邻夏尔维勒的梅济耶尔。他在路上看见因战争而封闭了的房屋与小城堡，他喜欢上了这些关于更本质的缺场的隐喻。“沿着红色的道路，人们来到空空的旅店。城堡正待出售；百叶窗破败散落。——神父带着教堂的钥匙一去不返。——公园四周，守卫的小舍已无人居住。篱笆高耸，只见颤动的树尖[……]。”[1]在这最糟糕的流亡中，深邃的乡间还是成了诗歌的资源。《坐客》这首残酷之诗，描绘了既迫害他人、又惨遭迫害的绝对状态，但阅读时，我们可以确认，在这痴迷于肉体、姿态和思想之衰老的眼神中，远方天地的光亮依旧无瑕。在破旧的座椅中，在碎裂的草垫中，他不是找回并崇拜起“古老太阳的灵魂”[2]吗？他那突兀又险恶的表现主义被染上了这光芒的余晖。

我想象在他眼前、在他心里的世界，这时而风暴、时

1 出自《彩图集》中的《童年》。
2 出自《坐客》。

而晴日的世界，如同在《米歇尔与克里斯汀》（Michel et Christine）和之后的《泪》（Larme）中，“风暴变幻了天空，直到夜晚”[1]。这是浑浊、光滑的水帘世界，分崩离析的世界，但也是倏忽间闪动红光的世界。“孩子，某些天空敏锐了我的视线”[2]，后期的兰波这么写道。“人们能否照亮泥泞乌黑的苍穹？”[3]这个波德莱尔式的问题在他心里不曾止歇。我们可回想起《无可补救》一诗中意味颇深的旅店[4]，大概是它把兰波领向了与之相仿的象征主义——我刚刚引用了“空空的旅店”——我们可以从它形而下与形而上的源头里辨识出兰波之后所说的彩图（illumination）。我们都知道，对兰波来说，这个词指的是“彩色的版画”（painted plates）[5]，其中自然带有孩童试图逃离故乡时所看到的“美妙的图像”的记忆。因此，彩图一词并不意味着一种超验的认知、智识的真知（gnose）[6]或圣灵（Esprit）[7]制造的异象（vision），而是为希望所留的缺口，抑或恩典刹那间的光辉。尽管这个世界阴暗浑浊，但它是魔力的世界，一切都在期盼着一次变形。最渺小的事物都能成为钥匙，

1 出自《泪》。
2 出自《彩图集》中的《战争》（Guerre）。
3 出自《恶之花》（*Les Fleurs du mal*）中的《无可补救》（L'Irréparable）。
4 参见《无可补救》：“照亮旅店玻璃窗的希望的明灯 / 已被吹灭，永远消逝！”
5 在为《彩图集》的初版（La Vogue，1886）所作的序中，魏尔伦写道：“illuminations 来自英语，意思是彩色的版画——coloured plates。”
6 gnose 又可译作“诺斯替”，详见译后记。
7 参见《地狱一季》中的《坏血统》：“那就是数的图景，我们要走向圣灵。”在本书中，首字母小写的 esprit 则译作“精神”。

唤起超自然作用下的神圣恐怖。我们可以在《言语炼金术》中读到："一出歌舞剧的标题在我面前展示出种种恐怖的景象。"[1]我认为，上述场景起码在《米歇尔与克里斯汀》中出现过一次。这个标题来自斯克利波[2]的同名歌舞剧，剧中，年轻的旅店女主人爱上了一个腼腆的孩子。这些笨拙的对白本身蓦然通向一种至高的境地，成为明证与绝对。

"我曾喜欢，"兰波在《言语炼金术》中写道，"愚拙的绘画：门帖，装饰画，街头艺人的油画，招牌，民间彩绘；过时的文学，教堂的拉丁文，错字连篇的淫书，老祖宗的小说，童话，小人书，老唱本，傻气十足的小曲，童稚的节拍。"我们从中辨认出了一切，它们不表征，只影射；它们失去了此处的价值，却似乎成了别处的显现。所有天真的艺术都带有宗教启蒙的气质。"对所有荒妙神奇，"他继续写道，"我都信而不疑。"

可以说，总体上，在这些春冬的日子里，兰波不是屈服于黑暗之下——即便他写了《坐客》和《蹲》——而是让希望变得更激进、更深沉、更绝对。从这个世上的一种不可能到另一种不可能，他将希望变成了对某种恩典之降临的期许。不自觉中，他为我们之后才会谈到的关键转变

1 出自《地狱一季》中的《谵妄 II：言语炼金术》。

2 欧仁·斯特利波（Eugène Scribe，1791—1861），法国剧作家，以佳构剧、歌舞剧闻名。《米歇尔与克里斯汀》是他 1821 年的独幕剧，讲述一个士兵爱上了一位年轻的旅店女主人克里斯汀，不料克里斯汀已经爱上了她的堂弟米歇尔，最后在士兵的撮合下，两位终成眷属。

作足了准备。无论如何，现在的他依然深陷危险之中。他无法忘记，向语言求助的结果只是一场溃败。虽然我们不用就德拉艾的证词大做文章——兰波“乐于从事极度下贱的工作，乐于沾染恶习，对此，他的描述是如此可怖，都能让上天向着咖啡馆的橱窗降下所有的火球”——但我们明白，如今他的烦恼中又添上了他从未真正接受的同性之爱。从 2 月 28 日至 3 月 10 日，他第三次离家，第一次真正在巴黎逗留，但得来的却只有失望和不幸。他没有遇见任何诗人，只在街上闲逛，睡在塞纳河岸边。最后，他启程返回夏尔维勒。“啊！衣衫褴褛，雨水浸坏了面包，酣醉，把我钉死在十字架上的千万种情爱！……我又看见我的皮肉被污泥浊水和黑热病侵蚀蹂躏，头发、腋下生满蛆虫，心里还有更大的蛆虫在蠕动，我躺在不辨年龄、毫无感情的不相识的人中间……我也许就死在这里了。”[1] 夏季的危险逼近了，这阳光凝滞的绝望季节。

兰波走在阿登省的小径上，与德拉艾一起穿越毗邻的比利时边境，厌恶着一位海关人员暧昧的搜身[2]。此刻的他，已不是 1870 年春天满怀希望与纯真的“旧时的旅人”[3]。他是否必须默许周围的一切向他诉说的死亡——精神的死亡，灵魂的死亡，自由的深层死亡？然而，只有当人默许

1 出自《地狱一季》中的《永别》。
2 兰波曾写过一首《海关人员》（Les Douaniers）来嘲讽他们。
3 参见《渴的喜剧》：“如果我再度变成 / 旧时的旅人，/ 再没有绿色的酒馆 / 为我敞开。”

自由的死亡时，自由才不会真正死去。与希望类似，如果我们愿意，自由纵是在物质实存中逐渐萎缩，它仍能愈发激进，愈发唤起更绝对的行动。而这正是兰波之所求。无论这是怎样一段喘息的时期，他都没有出卖灵魂。二度被遣送回家之后，他对伊桑巴尔写道："我疯狂地迷恋着自由的自由。"[1]这"自由"一词的重复有着诸多含义。难道还有比这更好的说法，可以描述上述所有存在意义的最本质的自由吗？如今，兰波能天才（génie）[2]般地自我认知、自我诉说，我们不该为此感到惊讶。毕竟，所谓天才，至少在诗歌里，指的正是忠于自由。

1 出自 1870 年 11 月 2 日兰波写给伊桑巴尔的信。

2《彩图集》的最后一首诗即以"Génie"为名。法语中，该词有两个基本的意思，一个是某个人、某个群体或某种事物特有的精神，延伸开来可表达天才、天赋之意；另一个是超自然的精灵。兰波在诗中有意模糊这两者间的意义。博纳富瓦亦如此。

决 意

I

5月总是兰波精力最为充沛的月份，是决意与创作的月份。猛然间他抖擞精神，直面紧迫的危险，似乎暂且避过一劫。这是“通灵人书信”里所描述的堪称典范的一场斗争。最为贫瘠、希望被剥夺得最为彻底的自由，此刻证实了它的价值、它的创造力，以及——就字面意思而言——它的诗意。

对兰波而言，最具威胁的危险是什么？显然是对自我的憎恶。“我坐着生活，”他写道，“好似落在理发师手里的天使。”[1]他在一封致伊桑巴尔的信里写道：“我仍然玩世不恭地由人豢养。我把学校里的那些白痴发掘了出来：我献给他们所有我能用言语和行动造出来的愚蠢的、肮脏的、低劣的东西［……］。”[2]因他无力战胜厄运，因他变成了写出《蹲》的着魔之人、写出《我的小情人》的惊弓之鸟，兰波勇敢地得出结论：他自身无比卑劣。“很明显，我向来属于低劣种族。”[3]他坚信，自己属于奴隶与

1 出自《晚祷》。

2 出自1871年5月13日兰波写给伊桑巴尔的信。

3 出自《地狱一季》中的《坏血统》。

输家的种族。或许他也为巴黎公社[1]的陷落所苦，因为公社与他相似：是被剥夺一切之人的反抗，始于战争带来的混乱，由一群理想即将幻灭的民众艰难地维系着，没有任何未来。长久以来，评论家们都愿意相信，兰波在公社斗争时曾奔赴巴黎，但他从未成行。1871 年 5 月 13 日至 15 日的信件似乎证实了他并未离开夏尔维勒。不过，他的心始终与革命的城市中“黑色的陌生人”[2]在一起。《让娜 - 玛丽》（Jeanne-Marie）[3]或《巴黎重又聚起人群》（Paris se repeuple）中的段落足够证实这一点。他理解这场抗争。他想象自己站在它的熊熊烈火旁边，比起行动者，他更像是通晓其深层意义的见证者：“真是幸运，我看到漫天都是烟与火的汪洋；左右前后，所有财富珍奇如同千万道闪电熊熊燃烧。”[4]

是的，5 月初，随着公社日渐式微，他几近绝望。在他所有的诗歌中，《被盗的心》（Le Cœur volé）[5]——确实，与《耻辱》一道——最是危险，最是黑暗。一颗被唾沫和

1 因为普法战争的惨败和当时工人阶级的悲惨处境，由巴黎平民构成的国民自卫军在首都发动叛乱（当时的政府部门被迁往凡尔赛，导致巴黎形成了权力真空）。巴黎公社于 1871 年 3 月 18 日正式成立，于 5 月 28 日被全面镇压。

2 参见《“对我们来说，这些是什么，我的心……”》（« Qu'est-ce pour nous, mon coeur... »）：“噢！我的朋友们！——我的心，确实，他们是兄弟：/ 黑色的陌生人啊，我们前进！前进！前进！”

3 此诗的完整标题是“让娜 - 玛丽之手”（Les mains de Jeanne-Marie）。

4 出自《地狱一季》中的《坏血统》。

5 此诗有三个版本：其一，附在 1871 年 5 月 13 日写给伊桑巴尔的信里，标题是“受折磨的心”（Le Cœur supplicié）；其二，附在同年 6 月 10 日写给德梅尼的信里，标题是“小丑的心”（Le Cœur du pitre）；其三，是在 1871 年底、1872 年初抄写给魏尔伦的版本，标题即“被盗的心”（Le Cœur volé）。

扔下的“残羹”玷污的心，这一隐喻表达了长久以来他因爱的缺失而蒙受的苦难。在此之上，他又增添了彻底的无力感：“怎么办呢，噢，被盗的心？”[1] 在这行诗里，兰波唯一的求援方式似乎消失了：对诗歌，他几近丧失信心。他不早就对诗歌怀抱起了爱恨交织的混杂情绪吗？诗歌并非完满的纯粹，没有实际的效用，这不早就让他带着咄咄逼人的羞耻心，在杜埃对诗歌大加嘲讽了吗？每一天，他都对伊桑巴尔重复十遍蒙田（Montaigne）那句模棱两可的名言：“诗人坐在缪斯们的三角凳上，狂热地倾倒所有涌到他嘴边的东西。”[2] 这里所流露的疑心，与新诗中的嘲弄无甚差别。它们都试图揭露诗的虚荣，诗声称自己用美对抗不幸、用现实对抗匮乏，可事实上，它不过是令人作呕的情感发泄。《圣袍下的心》（Un cœur sous une soutane）也许创作或修改于同一时期，因为这篇短文顶着相似的标题，说着几乎一样的内容；在滑稽的修士与愚笨的丑妇身上，展示出了兰波自身的一小部分；它嘲笑诗歌不过是关于恶臭之物的含糊可憎之语，而这恶臭之物注定比“里拉琴一般抒情”的诗句与虚妄的希望更长久。[3]

1 出自《被盗的心》。

2 出自蒙田《随笔》（*Essaies*）第三卷中的《论虚妄》（De la vanité）。中译参见《蒙田随笔全集》（下），陆秉慧、刘方译，南京：译林出版社，1996 年，第 254 页，译文有所改动。

3 此处的“恶臭之物”，指的是《圣袍下的心》中的“我”穿的鞋子。“我”去心仪的女孩家做客，但鞋子却一直散发异味。这鞋子暗指“我”内心澎湃的情感。而象征抒情诗的“里拉琴”（lyre，其形容词形式 lyrique 即“抒情”之意）与“齐特拉琴”（cithare）也经常出现在诗里，而“我”因为创作这些诗句而遭到同学的嘲笑。

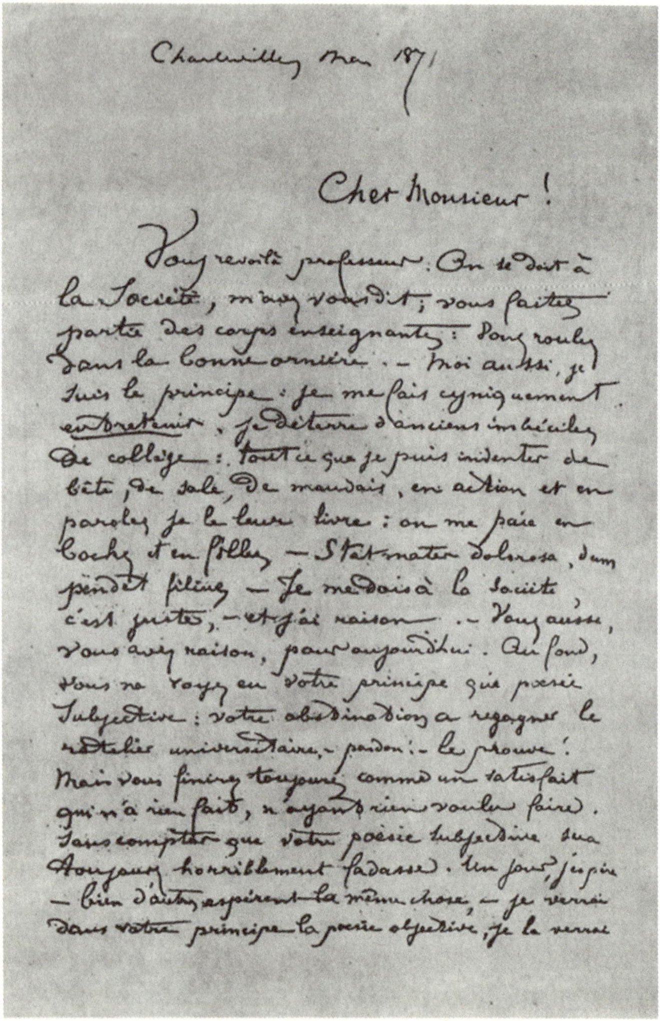

Charleville, mai 1871

Cher Monsieur!

Vous revoilà professeur. On se doit à
la Société, m'avez-vous dit; vous faites
partie des corps enseignants: vous roulez
dans la bonne ornière. — Moi aussi, je
suis le principe: je me fais cyniquement
entretenir; je déterre d'anciens imbéciles
de collège: tout ce que je puis inventer de
bête, de sale, de mauvais, en action et en
paroles, je le leur livre: on me paie en
bocks et en filles. — Stat mater dolorosa, dum
pendet filius. — Je me dois à la Société,
c'est juste, — et j'ai raison. — Vous aussi,
vous avez raison, pour aujourd'hui. Au fond,
vous ne voyez en votre principe que poésie
subjective: votre obstination à regagner le
râtelier universitaire, — pardon! — le prouve!
Mais vous finirez toujours comme un satisfait
qui n'a rien fait, n'ayant rien voulu faire.
Sans compter que votre poésie subjective sera
toujours horriblement fadasse. Un jour, j'espère
— bien d'autres espèrent la même chose, — je verrai
dans votre principe la poésie objective, je la verrai

“通灵人书信”第一封（第 1 页）

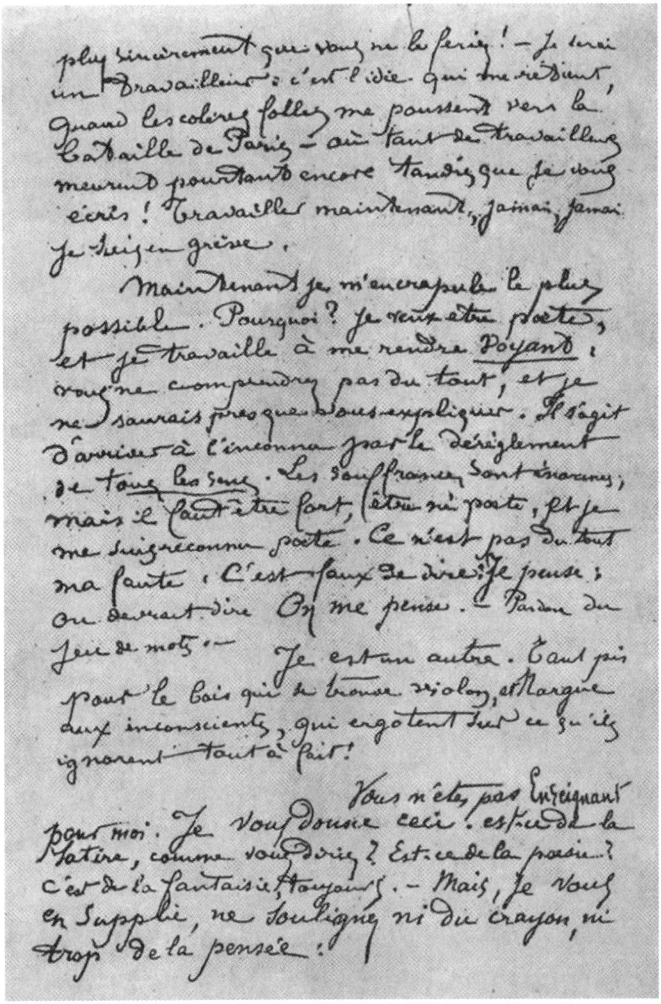

plus sincèrement que vous ne le feriez ! — Je serai un travailleur : c'est l'idée qui me retient, quand les colères folles me poussent vers la bataille de Paris — où tant de travailleurs meurent pourtant encore tandis que je vous écris ! Travailler maintenant, jamais, jamais ; je suis en grève.

Maintenant je m'encrapule le plus possible. Pourquoi ? Je veux être poète, et je travaille à me rendre Voyant : vous ne comprendrez pas du tout, et je ne saurais presque vous expliquer. Il s'agit d'arriver à l'inconnu par le dérèglement de tous les sens. Les souffrances sont énormes, mais il faut être fort, être né poète, et je me suis reconnu poète. Ce n'est pas du tout ma faute. C'est faux de dire : Je pense : on devrait dire On me pense. — Pardon du jeu de mots. —

Je est un autre. Tant pis pour le bois qui se trouve violon, et Nargue aux inconscients, qui ergotent sur ce qu'ils ignorent tout à fait !

Vous n'êtes pas Enseignant pour moi. Je vous donne ceci : est-ce de la satire, comme vous diriez ? Est-ce de la poésie ? C'est de la fantaisie, toujours. — Mais, je vous en supplie, ne soulignez ni du crayon, ni trop de la pensée :

“通灵人书信”第一封（第2页）

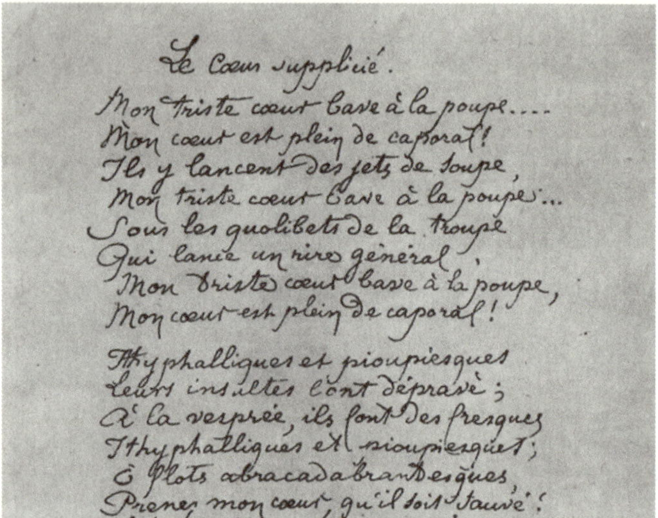

Le Cœur supplicié.

Mon triste cœur bave à la poupe....
Mon cœur est plein de caporal!
Ils y lancent des jets de soupe,
Mon triste cœur bave à la poupe...
Sous les quolibets de la troupe
Qui lance un rire général,
Mon triste cœur bave à la poupe,
Mon cœur est plein de caporal!

Ithyphalliques et pioupiesques
Leurs insultes l'ont dépravé;
À la vesprée, ils font des fresques
Ithyphalliques et pioupiesques;
Ô flots abracadabrantesques,
Prenez mon cœur, qu'il soit sauvé!
Ithyphalliques et pioupiesques
Leurs insultes l'ont dépravé!

Quant ils auront tari leurs chiques,
Comment agir, ô cœur volé?
Ce seront des refrains bachiques
Quand ils auront tari leurs chiques!
J'aurai des sursauts stomachiques
Si mon cœur triste est ravalé!
Quand ils auront tari leurs chiques
Comment agir, ô cœur volé?

Ça ne veut pas rien dire. — Répondez-moi: chez Mr Deverrière, pour A.R..
Bonjour de cœur, Ar. Rimbaud

"通灵人书信" 第一封（第 3 页）

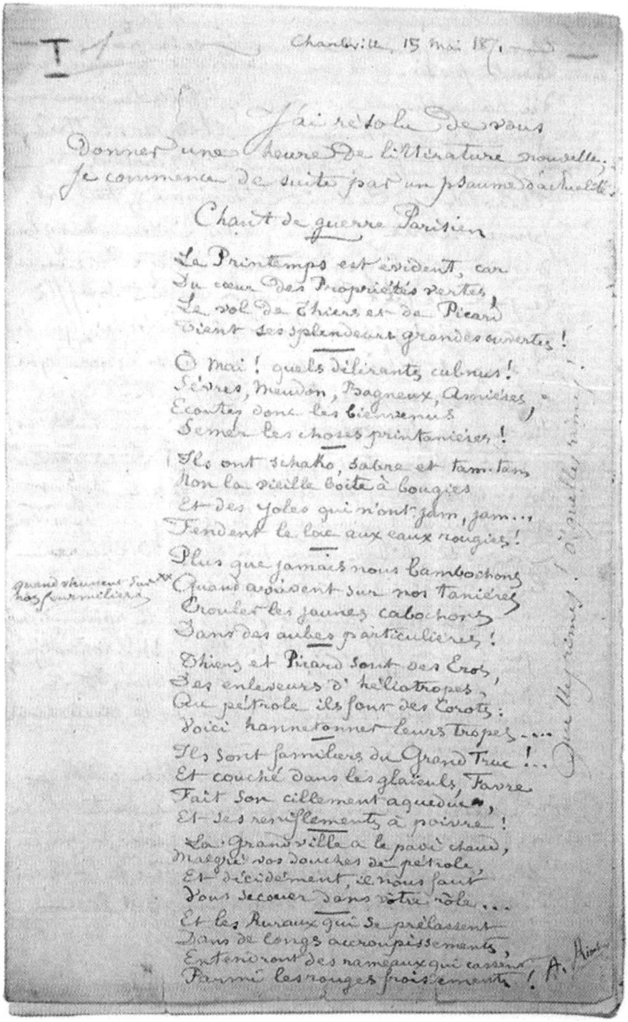

I

Charleville, 15 mai 1871.

J'ai résolu de vous donner une heure de littérature nouvelle. Je commence de suite par un psaume d'actualité:

Chant de guerre Parisien

Le Printemps est évident, car
Du cœur des Propriétés vertes,
Le vol de Thiers et de Picard
Tient ses splendeurs grandes ouvertes!

Ô Mai! quels délirants culs-nus!
Sèvres, Meudon, Bagneux, Asnières,
Écoutez donc les bienvenus
Semer les choses printanières!

Ils ont schako, sabre et tam-tam,
Non la vieille boîte à bougies
Et des yoles qui n'ont jam, jam...
Fendent le lac aux eaux rougies!

Plus que jamais nous bambochons
Quand arrivent sur nos tanières
Crouler les jaunes cabochons
Dans des aubes particulières!

quand viennent sur nos fourmilières

Thiers et Picard sont des Éros,
Des enleveurs d'héliotropes,
Au pétrole ils font des Corots:
Voici hannetonner leurs tropes...

Ils sont familiers du Grand Truc!..
Et couché dans les glaïeuls, Favre
Fait son cillement aqueduc,
Et ses reniflements à poivre!

La Grand ville a le pavé chaud,
Malgré vos douches de pétrole,
Et décidément, il nous faut
Vous secouer dans votre rôle...

Et les Ruraux qui se prélassent
Dans de longs accroupissements,
Entendront des rameaux qui cassent
Parmi les rouges froissements!

A. Rimb

Quelles rimes! ô quelles rimes!

“通灵人书信”第二封（第1页）

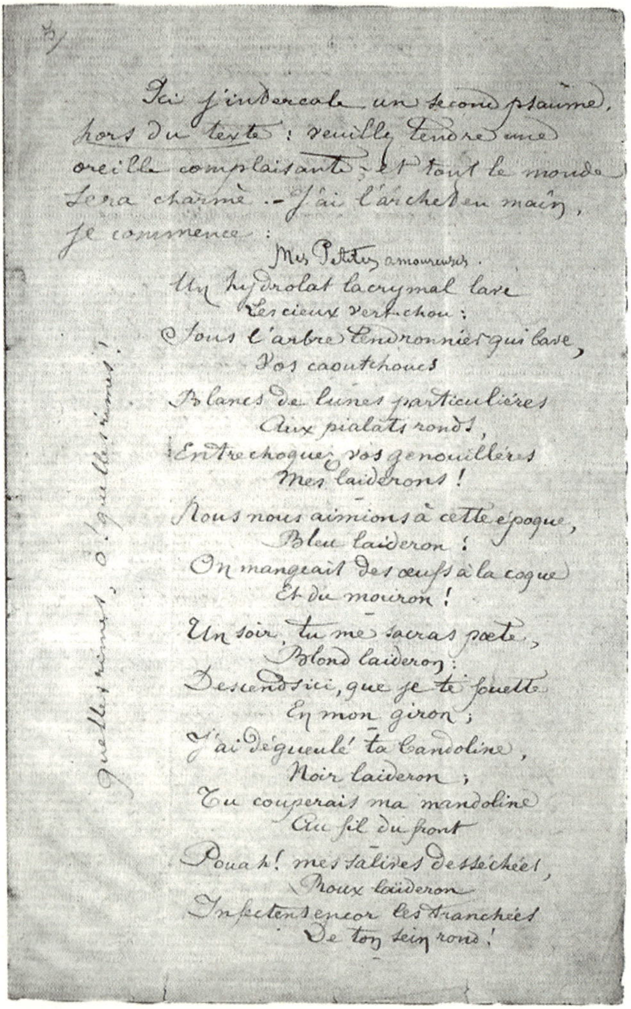
3/

Ici j'intercale un second psaume, hors du texte : veuillez tendre une oreille complaisante, — et tout le monde sera charmé. — J'ai l'archet en main, je commence :

Mes Petites amoureuses

Un hydrolat lacrymal lave
Les cieux vert-chou :
Sous l'arbre tendronnier qui bave,
Vos caoutchoucs

Blancs de lunes particulières
Aux pialats ronds,
Entrechoquez vos genouillères
Mes laiderons !

Nous nous aimions à cette époque,
Bleu laideron !
On mangeait des œufs à la coque
Et du mouron !

Un soir, tu me sacras poète,
Blond laideron :
Descends ici, que je te fouette
En mon giron ;

J'ai dégueulé ta bandoline,
Noir laideron ;
Tu couperais ma mandoline
Au fil du front

Pouah ! mes salives desséchées,
Roux laideron
Infectent encor les tranchées
De ton sein rond !

Quelles rimes, ô ! quelles rimes !

“通灵人书信”第二封（第5页）

“这首诗不是没有任何意思的。”关于《被盗的心》，兰波在 5 月 13 日写给伊桑巴尔的信里这么写道。他的传记作者们试图用一些逸事，用兰波醉生梦死的放荡经历来解释这首诗。但在更深的层面，《被盗的心》所说的，是在某一时刻差点吞没兰波全部存在的自我恐惧。一种绝对的恶心感让兰波脱离之前所有的野心、所有的计划、所有的理想。多么可怖的状态啊，除了自我矛盾与死亡之外，没有任何出口。

兰波选择了自我矛盾。5 月 13 日和 5 月 15 日，两封决绝、狂热、蛮横的信被分别寄给了伊桑巴尔与德梅尼。此二人绝不会理解通灵人（Voyant）的哲学。

II

或许，为了更好地理解这纯然形而上的决意，我们是否必须关注兰波另一面深层的童年，即他儿时阅读的书籍，以及受到的影响？不过，在这里，我无法悉数列举。尽管让兰波爱恨交织的基督教对他起到了关键影响，但我还是略过教义问答和福音书吧。私以为，提及三两例最基本、最确凿的接触便已足够。许多别的假设不过是些空想。阿蒂尔·兰波阅读的广度与系统性被大大夸张了。

这些接触中，最早期也最重要的，是针对波德莱尔的阅读。也许，兰波从 1871 年起便认识了波德莱尔——通过戈蒂耶作序的1868年版诗集——因为我们可以从《巴黎重又聚起人群》、《恶》（Le Mal）、《仁爱修女》，甚至《让娜-玛丽之手》中找出《恶之花》影响的初痕。事实上，兰波主要延续了《祝福》（Bénédiction）与《圣彼得的否认》（Le Reniement de Saint Pierre）[1]中的韵律和意象。其中的精妙诗句描述诗人母亲的高声咒骂、诗人长久的顽抗、与女人相伴时的不幸，以及最终从苦难中获得的至纯荣耀。读起它来，兰波怎能不受触动，怎能不为它的呼喊着迷？

“呀！我宁可生一团蜿蜒的毒蛇，
也不情愿养一个这样的妖相！
我永远诅咒那霎时狂欢之夜，
那晚我肚里怀孕了我的孽障！
[……]
可是，受了天使的冥冥的荫庇，
那被抛弃的婴儿陶醉着阳光，
[……]
我知道痛苦是人的唯一贵显
永远超脱地狱和人间的侵害，
[……]”[2]

兰波必定在顷刻间迷上了这美好的信仰；纵使无法全

1 波德莱尔的两首诗作，收录于《恶之花》。
2 出自《恶之花》中的《祝福》。中译参考《梁宗岱译诗集》，长沙：湖南人民出版社，1983年，第24-28页，译文有所改动。

然信服——他从不能彻底完成信仰的转变——至少，为了改变阴沉的视域，他愿意相信这信仰立于坚实的基础之上。《恶之花》里，处处有着对不断变幻之存在的直观，铅石可化为黄金[1]，精神可回炉重造。在这个“行动并非梦想的姐妹”[2]的世界，一种行动之诗的理念形成了，它兼具解析的智慧与神秘的化学。兰波追随波德莱尔，很快踏上了这条道路。不必怀疑，正因他读了《恶之花》，他才能写出《仁爱修女》和《初领圣体》那令人赞叹的结尾。没有波德莱尔，兰波不可能这么早便掌握如此宏伟、如此坚实的灵魂科学；没有他，兰波不可能获得他仅有的些许自信，让他猛然懂得，作出论断无需仇恨，只需怜悯。纵使他的思想一向消极，这怜悯却有一丝爱的意味。这两首诗是兰波首度显出成熟模样的作品，从中，我们隐约瞧见了一种或可称为“胜利”的转变：他从内心里“残忍的怀疑主义”，进入一种斯多葛式的平静中。然而，他们能继续诉说的，唯有孤独与流亡，因为两人的创作均以女人的境况为主题。女性本应成为——《太阳与肉身》已体现了这一点——人与真实之间的中介，但她再无法承担这一角色，因为她的灵魂已经腐化。通过玷污女性的灵魂，基督教玷污了全部生命。此后，女性成了巨大的缺场，兰波只能无力地倾听她们痛苦的告诫：

1 或许我们可以想到波德莱尔为《恶之花》第 2 版所写的跋诗的最后一句：“给我你的淤泥，我将把它变为黄金。”（Tu m'as donné ta boue et j'en ai fait de l'or.）
2 出自《恶之花》中的《圣彼得的否认》。

“你可知是我害死了你？我占据了你的嘴，
你的心，占据了人的一切，你们的一切；
而我，我是个病人；噢！我希望人们让我睡在
被夜之水浇灌的死者中间！

“我曾多么年轻，基督玷污了我的呼吸。
他让我全身充满嫌恶，直抵我的喉咙！
你曾亲吻我羊毛般浓密的秀发，
我听任你……啊！来吧，这于你有利。

“男人！你们不曾料想，最专情的女人，
带着她无耻的恐惧意识，
也最淫荡、最苦痛，
我们对你们的一切冲动都是错误！

“因为我初领圣体的仪式已经结束，
你的吻，我从未知晓：
我那被你的躯体拥抱的身心上，
已满是基督不洁的吻印！”[1]

这些深沉、宽宏的诗句，与他不久前粗暴的作品隔着遥远的距离：

噢，我的小情人，
我多么恨你！
快在你丑陋的奶头上

1 出自《初领圣体》。

贴上疼痛的破布！[1]

是波德莱尔刚刚教会了兰波诗的责任。不过，《初领圣体》与《露台》（Le Balcon）[2]之间、与波德莱尔表达爱意的所有诗歌之间，隔着多么神秘的距离啊！这距离所揭示的，并非两位诗人或多或少纯净的心灵，而是他们最初的苦难。波德莱尔从不曾像兰波一样无助！

那熊熊的炉火照耀着的黄昏，
露台上的黄昏，蒙着薄红的雾，
你的心多么甜！你的胸多么温！
我们常常说许多不朽的话语
那熊熊的炉火照耀着的黄昏！[3]

波德莱尔无疑对女性满腹疑心：他说她们“有罪”（coupable）、“寒冷”（froide），甚至说过一次“可憎”（abominable）[4]。他时常感到，比起男人，原罪的堕落在女人身上留下了更深的痕迹。但又可以说，男人和女人都

1 出自《我的小情人》。
2 波德莱尔的名诗，收录于《恶之花》。
3 出自《恶之花》中的《露台》。中译参考《梁宗岱译诗集》，长沙：湖南人民出版社，1983 年，第 30 页。
4 波德莱尔在《恶之花》中的《“她穿上飘动的、珠光色的外衣……”》（« Avec ses vêtements ondoyants et nacrés... »）里写道：“仿佛一颗无用的星一样，永远 / 闪着不育之女的寒冷的威严。”（中译参考《恶之花 巴黎的忧郁》，钱春绮译，北京：人民文学出版社，1991 年，第 66 页）此外，波德莱尔在死后出版的《我心赤裸》（*Mon cœur mis à nu*）里写道：“女性是自然的，也就是可憎的。”（La femme est naturelle, c'est-à-dire abominable.）

只是受害者，他们能互相扶持，共同注视“幽深的岁月”[1]，至少能抵达诗歌之中。他的诗不像兰波的诗那样有着男女间绝对的分离。

我坚信如下判断：波德莱尔所尝试的蜕变，与兰波本来渴望的蜕变，无疑通往同一个终点，然而，即便掌握同样的炼金术，他们却拥有不同的原料，这迫使新的诗人远离《恶之花》指明的道路。波德莱尔想战胜虚无。人世间，存在屈服于碎片化、分散化和死亡的堕落；他明白，为有限的事物与速朽的个体献身，是关键性转化的第一步，转瞬之间可诞生完满的存在[2]。而这献身正是爱，是幸运赐予他的爱。从前，在幸福的儿时所住的“白房子”[3]里，波德莱尔曾被这样教导：相互的爱是存在的。兰波没有接收过这最基本的馈赠。因此，他试图戒除爱，或者在诗歌之路上重新发现它。无论如何，兰波都身处幸福之外，而我们能感到，这稀罕的幸福在波德莱尔那里并未全然消失，它虽然衰弱，却依旧灼热。波德莱尔有理由把爱称作“披着金色的天使”[4]，因为他与天使一样履行着爱；兰波却身不由己，只识得路西法的苦恼。在能够重新创造存在以前，

---

1 出自《我心赤裸》。

2 在《现代生活的画家》（*Le Peintre de la vie moderne*）中，波德莱尔写道：“从转瞬中抽出永恒。”（Tirer l’éternel du transitoire.）

3 波德莱尔在《恶之花》中的《“我还没有忘记，在城市的附近……”》（« Je n’ai pas oublié, voisine de la ville... »）里写道：“我还没有忘记，在城市的附近，/ 我们的白房子，虽小却很安静。”（中译参考《恶之花 巴黎的忧郁》，钱春绮译，北京：人民文学出版社，1991 年，第 230 页）波德莱尔小时候与母亲住在巴黎近郊的讷伊。

4 出自波德莱尔为《恶之花》第 2 版所写的跋诗。

波德莱尔（埃蒂安·卡尔加 摄）

他必须试着重新创造爱情。

因此，在创作主体性的自由道路上，兰波无法追随波德莱尔。于是，他对思辨术（spéculation）产生了兴趣。为了点石成金，思辨术提供了更去人格化、更物质的途径。这几个月内，他无疑翻阅过一些炼金术典籍。尽管他善于接收炼金术的隐喻，他却没有深入了解的时间和欲望。而且，在《仁爱修女》中，兰波直接表达了他的抵触。我认为，他对“黑暗的炼金术”与“神圣的研究”[1]的涉猎，跟同一时期——研究已证实——他对法瓦尔[2]的歌剧或东方奇谈的着迷，带着相同的幻想成分。顺带说一句，这些并不是无用的兴趣，而是对诗歌的真正关注：仿佛划破黑暗的苍穹一般，这些伟大的艺术暗含着一个奇妙的因果律所构建的宇宙、一种由奇迹而生的自由、一种赦免和一种救赎。

不过，正如最新的研究所显示的，兰波对其他领域的涉猎才更为重要。这些涉猎同样既短促又分散。在夏尔维勒的最后数月里，兰波曾与一位叫布列塔尼[3]的神秘学业余爱好者交往甚密。不过，我们不用夸大布列塔尼的影响，也不用高估兰波的耐心和对哲学理论的用心程度。他需要

1 出自《仁爱修女》。

2 夏尔 - 西蒙 · 法瓦尔（Charles-Simon Favart，1710—1792），法国戏剧与歌剧作家。1741 年，法瓦尔的代表作《追求精神的女子》（*La Chercheuse d'esprit*）上演，取得了巨大的成功，他因此被任命为喜歌剧院的总管。

3 奥古斯特 · 布列塔尼（Auguste Bretagne，1837—1881），其本职是公务员。他奔波于法国各地，在途中认识了魏尔伦。1869 年起，他被任命到夏尔维勒，因此认识了兰波，并与兰波成为好友。后来，也就是他，督促兰波给魏尔伦写去自荐信。

一些基础理念和新的角度，仅此而已。是的，兰波兴许阅读了艾利法斯 · 列维[1]或巴朗什[2]，但他并没有成为某一种思想系统的学徒。他从天启论[3]与卡巴拉[4]中提取出的理念仿佛远方的希望一般在他的脑海里暂时飘荡，只有当他尝试用暴力与直观来颠覆自己的生活时，这些理念才被猝然汇集起来。

以下便是神秘学与天启论带给兰波的启示。首先，一个与他长久以来的愿望相近的志向——让人类重新回到存在中、回到时间源头的整一性（unité）中。其次，一些互相矛盾但诗意地结合在一起的思想：在艾利法斯 · 列维那里，神性现实是一种韵律，人能够且必须在内心唤醒它；在巴朗什那里，神性现实是一种暂时隐匿的言语。追随许多先人的脚步，巴朗什教导我们，世界是上帝的言语；多亏俄耳甫斯[5]为万物取名，这种语言才保存下事物的实体，而如今

1 艾利法斯 · 列维（Éliphas Lévi，1810—1875），原名阿尔丰斯 - 路易 · 孔斯坦（Alphonse-Louis Constant），教士、神秘学作者，著有《高等魔法教义与仪式》（*Dogme et Rituel de la Haute Magie*）、《魔法的历史》（*Histoire de la magie*）等书。

2 皮埃尔 - 西蒙 · 巴朗什（Pierre-Simon Ballanche，1776—1847），法国作家、哲学家，夏多布里昂（Chateaubriand）的朋友，1842 年被选入法兰西学院。其理念中，进步主义思想与反法国大革命思想相互交织。他认为社会处于破坏与再生的不断循环中。其代表作是《社会再生论》（*Essais de palingénésie sociale*）。

3 天启论（Illuminisme）是 18 世纪流行于欧洲的哲学与宗教思想，它以“天启”——神对人的心灵的直接启示——为核心。这种思想被视为对 18 世纪启蒙运动的唯物主义思想的反动。德国哲学家、神秘主义者雅各 · 波墨（Jakob Böhme）的思想对天启论影响巨大。

4 卡巴拉（Cabale），源自希伯来语，意思是“接受”。这是犹太教的一种神秘主义。卡巴拉旨在界定宇宙与人类的本质、存在目的的本质，以及其他各种本体论问题。它也提供方法来帮助理解这些概念和精神，从而达到精神上的实现。

5 俄耳甫斯，古希腊神话人物，系阿波罗与缪斯女神卡利俄珀所生，拥有超凡的音乐天资。传说他的演奏能让木石生悲、猛兽驯服。

它依旧是钥匙[1]。一位诗人将会到来，这精神的英雄将复原普遍语言（langue universelle）[2]。这直观的、热烈的语言，新的理性就在它之中，并将通过它而降生。兰波从中辨认出了他一直在语言中感受到的神秘力量。他也喜爱这个被一切传统风俗传诵的希望：人走在上帝与黑暗物质之间的半途中；他身上存有上帝的一丝火花；因此，他是自由的，他能决定自身的救赎。

为此，他必须成为"通灵人"，艾利法斯·列维如此教导我们。他要否认后来的社会秩序，通过神性律法的直观，通过某种本能的、猛烈的神圣现象学，找回与上帝之事物的亲密关系。巴朗什也谈到了某种由语言塑成的"异象"（vision）[3]。这双重的兴趣——艾利法斯·列维那里的对最客观的现实的兴趣，巴朗什那里的对语言的兴趣——正是诗歌在其无尽的矛盾中的双重追求。作为诗人的兰波自然了解这追求的两极。为了到达觉醒的境界[4]，为了让自身与上帝并驾齐驱，仅仅加深求索，是否足够？哲学家们为

1 原文作"clef"。在法语中，clef 既有"钥匙"之意，也有"琴键"之意。钥匙/琴键是兰波诗歌里经常出现的意象，比如，《地狱一季》的序诗里写道："我想到要寻回开启昔日盛宴的钥匙。"《杂耍》（Parade）的最后一句写道："我独自掌握着这野性剧场的钥匙。"《生命》第 II 节里写道："我还是个音乐家，我发现了某样东西类似爱情的琴键。"

2 兰波在 1871 年 5 月 15 日给德梅尼的信（"通灵人书信"第二封）中写道："正因为语言就是观念，使用一种普遍语言的时代必将到来！"

3 兰波在 1871 年 5 月 15 日给德梅尼的信（"通灵人书信"第二封）中写道："他达到了未知，而当他在迷狂中失去对他之所见的理解力时，他真正看到了他的异象！"

4 兰波在《地狱一季》中的《不可能》里写道："只有这觉醒的一分钟，让我看到纯洁的光景！——人是凭思想走向上帝的！"

此提出警告：任何时候，你都得付出代价，都得接受最惨烈的磨难，忍受对个人施加的酷刑。你必须停止作为基督教创造出的个体而存在，这样的个体不过是间阴暗的囚室，如今的生活在其中无为地延续。

III

同时，大概在5月初，兰波构想出了一套非凡的理念，决定了他未来两年或更长远人生的命运。

那时，他的生活中发生了一起事件，一起精神层面的事件，5月的两封热情澎湃的书信充分证实了这一点。他在狂热中写下这些接踵而来的发现，人只有处于精神危机时才会如此。至于他此次直观的本质，毫无疑问，是突然将《被盗的心》中表达的憎恶之情当成未来的精神英雄所付出的代价："现在，"他对伊桑巴尔写道，"我要尽最大可能让自己成为恶棍。为什么？我要做一个诗人，并且努力使我成为通灵人，您根本不会理解，我几乎无法对您解释明白。此事涉及如何理智地扰乱所有的感官，以达到未知。这样的痛苦是骇人听闻的，但必须是一个强者，必须是天生的诗人，而我认为我是诗人［……］。"[1]在《被盗的心》中，兰波透露了他作为反叛者、作为被蔑视之人的凄凉境遇。他承认，他的心、他爱的能力已被夺去，他

1 出自1871年5月13日兰波写给伊桑巴尔的信（"通灵人书信"第一封）。

被遗弃在对贱品的迷恋中，没有净化的手段——除了说谎，除了“荒诞的”[1]诗学所提供的虚假的净化——没有其他的依靠，没有尝试的可能。不过，出于乐趣[2]阅读艾利法斯·列维和巴朗什时，他读到，为了成为新思想的“天使”之一，人必须经历磨难；他还读到，“我即他人”（Je est un autre）[3]，无知无觉中，人都是知识的储存库；无知无觉中，人都能在某一刻揭示真知。他幡然醒悟[4]：他正在付出代价，他的厄运是必经的磨难，而他的绝望本身则来自与他个人、与他有限的利益、与哲学家们所建议的太过人性的抱负的决裂。困扰他多时的薄弱意志（“我仍然玩世不恭地由人豢养［……］”[5]）成了对顽劣、堕落的主体性的一种消解：坠入地狱后，他将以救世主的面貌归来。他曾以为自己迷失了，但如今，通过磨炼他的不知名的力量，他在这里比任何人都更接近圣灵的见证者：“这不是我的过错，”他继续写道，“说我在思考，这是不正确的。应该说，人们在思考我。——文字游戏，请原谅。”[6]

1 原文作“abracadabrantesque”。这是兰波在《被盗的心》中自创的词。
2 原文作“per diletto”，意大利语。
3 出自 1871 年 5 月 13 日兰波写给伊桑巴尔的信（“通灵人书信”第一封）。
4 我并非有意创造一个兰波的“帕斯卡尔之夜”（Nuit de Pascal），我只是想指出人类的某种经验：他所遭受的必然命运被转化成了他的自由——虽然这个关键问题应该成为所有批评的起始点，但它却时常被忽略。——原注（译按：“帕斯卡尔之夜”即“火之夜”［Nuit de feu］。1754 年 11 月 23 日，布莱士·帕斯卡尔［Blaise Pascal］白天乘马车遇险。两匹马坠亡于塞纳河，他本人却奇迹般地活了下来。当晚，帕斯卡尔阅读宗教典籍，从此陷入宗教狂热。这一晚是否真实存在，历史学家们始终存有争议。）
5 出自 1871 年 5 月 13 日兰波写给伊桑巴尔的信（“通灵人书信”第一封）。
6 同上。

我们得弄明白这之中的文字游戏，弄明白这新的理念、这“包扎”[1]并治愈的理念猛然间释放了多么巨大的能量。兰波曾有多绝望——曾有多卑躬屈膝——他长久受挫的骄傲如今就托付给他多巨大的任务。“我是将要创造上帝的那位。”魏尔伦在他的《爱之罪》（Crimen amoris）[2]中让兰波这么说道。至少，他要成为“诗人”，也就是说，“最伟大的病人，最伟大的罪人，最伟大的被诅咒的人——最崇高的博学之士！”[3]他要成为“可怕的劳动者”[4]中的一位，根据天启论，这些人在为存在的回归——他口中的“真正的生活”——作准备。自儿时起，他“改变生活”（changer la vie）[5]的欲望虽一直受挫，却日趋成熟，往后，他将赋予它多么形而上与末世论的强度啊！

带着如今似乎能轻易得到的——对此，我不怀疑——勇气，他决心沿着宿命的方向前行，加深苦难与折磨，同时赋予它们一种意义、一种积极的价值。昨日还以此为苦的与众不同，今日已成为他的荣耀……“问题在于，”他对德梅尼写道，“要使灵魂发展到畸形：就要以comprachicos[6]为榜样，就是这样！要设想这么一个人，他

1 原文作“panser”。在法语中，panser（包扎）与penser（思考）读音相同。
2 该诗收录在魏尔伦于1884年出版的《今昔集》（*Jadis et Naguère*）中。
3 出自1871年5月15日兰波写给德梅尼的信（“通灵人书信”第二封）。
4 同上。
5 出自《地狱一季》中的《谵妄I：疯狂的童贞女》。
6 comprachicos是雨果在《笑面人》（*L'Homme qui Rit*）中所描绘的儿童贩子，他们通过改变儿童的外表（毁容、致残等）来操控他们。

把许多的疣移植到自己的脸上并加以培植。[……]一切形式的爱、痛苦、疯狂；他探索自己，他用尽自身的一切毒素，以求保留精髓。在不可言喻的痛苦折磨下，他需要保持全部信念，全部超凡的力量[……]。”[1]“可怕的劳动者”将承担起兰波曾在不情愿中宣告出的一切弃绝。他重抄了一遍《我的小情人》（或许带着更少的恨意和更多的释怀）：这首貌似浅薄的诗歌在“通灵人书信”中占了一席之地，这绝非偶然。异化成了富有创造力的苦修；罪恶成了一种手段，用来腐蚀覆在真理之上的面纱。在更深的层面，兰波想重新肯定他的黑暗诗篇。《蹲》，这“虔诚的歌”，他这么评价到；而《被盗的心》则是污秽以最险恶的方式在其中显现的组曲。“下面是我送给您的一首诗：也许，按照您的说法，这是不是属于讽刺之类？这是不是诗？”[2]至少，这些诗是分解，是“腐坏”主观的诗的炼金术。

IV

“我说：必须做通灵人，必须使自己成为通灵人！”[3]兰波的首要决定，是从他所称的主观的诗转向客观的诗。

“且不说，”他对伊桑巴尔写道，“您的主观的诗将

1 出自 1871 年 5 月 15 日兰波写给德梅尼的信（“通灵人书信”第二封）。
2 出自 1871 年 5 月 13 日兰波写给伊桑巴尔的信（“通灵人书信”第一封）。
3 出自 1871 年 5 月 15 日兰波写给德梅尼的信（“通灵人书信”第二封）。

永远是极其枯燥无味的东西。”[1] 他对德梅尼谈起缪塞[2]：“啊！他的故事和小喜剧，味同嚼蜡！［……］缪塞什么也写不出来；纱窗帘之后便有异象，他却闭眼不看。”[3] 主观的诗似乎止于理想性、“艺术”的唯美性和游戏；感伤、抒情的诗只保留情感中可被驯化的部分。总之，它们把人禁闭在惯例的网络中，不朝存在的超验性开放。兰波绝不会忘记：他曾长期遵循主观的诗。《孤儿的新年礼物》和《太阳与肉身》是主观的诗，因为在这些幻想中，完美生活的意象如此轻易地诞生；《我的流浪》、《绿色小酒馆》和所有流浪路上的十四行诗都是主观的诗，因为没有任何事物前来应答它们包含的幻象；新近的诗也尽是如此，兰波正在创作的诗，如《仁爱修女》和《初领圣体》，它们仅止于说出何时需要改变；《坐客》、《晚祷》、《蹲》亦如是，因为厌恶与憎恨这类态度，框住了仅在心理场景中流连之人，而在舞台上演出的，只有种种幻影。直至今日，所有的诗歌都只是这虚无。从卡巴拉的角度看，这对应的恰是人们无所事事的低等阶段，是原初的存在散落成

1 出自 1871 年 5 月 13 日兰波写给伊桑巴尔的信（“通灵人书信”第一封）。
2 阿尔弗雷德·德·缪塞（Alfred de Musset，1810—1857），剧作家、诗人、小说家，法国浪漫主义的代表人物。他出身贵族，年少成名，过着花花公子的生活。其感情生活中，以与乔治·桑（George Sang）的惊世恋情最为出名。三十岁后，他由于抑郁、酗酒等原因减少了创作。1852 年，他进入法兰西学院。其代表作有描写他与乔治·桑情感纠葛的自传体小说《一个世纪儿的忏悔》（*La Confession d'un enfant du siècle*）、剧作《罗朗萨丘》（*Lorenzaccio*）和《勿以爱情为戏》（*On ne badine pas avec l'amour*）、诗歌《五月之夜》（*La Nuit de mai*）等。
3 出自 1871 年 5 月 15 日兰波写给德梅尼的信（“通灵人书信”第二封）。

碎片时出现的个体性。兰波进而认为，结束我们的厄运与超越这虚假之诗其实是同一件事。他宣示出客观的诗，将其作为神性生活的回归，作为在失而复得的共享中对情感与态度的超越，作为感觉的焚毁——在未知（Inconnu）的真实火焰里，感觉只是局部的视域，只是对感官之"调整"的无数可能性中的一种。正因我们的生命与希腊人的生命相悖，再不是与神性韵律同调的、和谐的实存，所以，我们必须通过耗尽生命已变成的模样来重塑现实。现实与最激进、最畸形（monstrueux）、最具毁灭性的意义上的新（nouveau）等同；而真实等同于无需中介的异象，等同于与未知对等之存在的解放。

如此一来，兰波在精神中构建他崩解的情感和他可怖、受难的灵魂，赋予它们以意义与价值。异象在历史中无可预见，却成了一位少年所遭受的情感苦难在精神中的变形。

之后，我会谈到他想发明何种技巧去习得存在——与他自己的说法[1]相仿，谈到语言与直观之间又有怎样崭新的、未曾听闻的关联。但现在，我最想强调的是他在对异象的渴求中所动用的巨大能量。可以说，他如此这般是"出于利益"——他厌恶这种说法，但我是在悲怆的意义上使用它的。兰波所追求的未知，消解了意识的视域，从而驱散

1 兰波在 1871 年 5 月 15 日给德梅尼的信（"通灵人书信"第二封）中写道："立意做一位诗人的人首先必须研究的是对他自身的全面认识，他应该探寻他的灵魂，审视它，考验它，学习它。"

了压制他的黑暗。他狂热地——如往常一样不加节制——投身于救赎之中。长久以来，他都在日常的注视中找寻神怪的幻象。为了获取异象，七岁的诗人“紧紧按着昏眩的双眼”[1]；温热的醇酒、湿润的牧场的气味、小巷的恶臭……《感觉》等诗透露出的品位，揭示了兰波最热忱的关注：他寻求能揭示晦涩的内里如何在事物的外表之下运作的一切。“很久以来，”他在《地狱一季》中写道，“我自诩拥有一切可能存在的风景。”[2]不过，这些作品都无法预示他在这个夏天所写的两首长诗。首先，他向数月前还推崇备至的邦维尔寄去了这首桀骜不驯又才华横溢的作品：《向诗人倾述的花事》（Ce qu'on dit au poète à propos de fleurs）。

我将此诗视为兰波最了不起的作品之一，它或许也是其能量最为纯粹的作品。邦维尔——一位主观的诗人，如果可以这么说的话——一遍遍歌颂着花朵。百合、石竹、鸡冠花，为自己平和的思想添置上舒心的装饰。但他发现，在夏尔维勒，有人粗俗地咒骂起了这些“如痴如醉的灌肠器”：

总是些法国的植物，
乖戾、肺痨、滑稽，
巴吉度[3]的肚皮

1 出自《七岁的诗人》。
2 出自《地狱一季》中的《谵妄 II：言语炼金术》。
3 法国短腿猎犬。

黄昏中安宁地掠过；[1]

某个自诩诗人的家伙，胆敢把它们所谓的美丽跟“劳作的”植物里的汁液、葡萄糖、树脂的实用性相对立。这样的论断无疑是一种隐喻。汁液从形态之外涌出，仿佛在大家只知道有物体的地方涌出了存在；聊作消遣之物中可触的、营养的部分述说着未知那醉人心扉的价值。将存在降作用途、将抒情贬为商业的写法，体现出一种反对贫瘠之美的、充满争议的价值。兰波想必是借讥讽、间接的方式，来表达一种诗学艺术。向诗人倾述花事的“人”，仍是致德梅尼的信里的那个存在，它畸形、苦痛，这么近，又那么远：某一瞬间，在古怪的阿尔西德 · 巴瓦[2]略显含混的讥讽之声中，作为“他人”的“我”得以展现。不过，可别低估最粗俗的气味对精神的诱惑；也别低估它们直截了当的诗歌价值。《地狱一季》最后几行里出现的“农民”[3]，兰波在抛弃语言后变成的“侨民”与“商人”[4]，他们能得到赞颂，是因为他们将万物的粗糙知识借给了作为中介的“人们”，后者又向兰波传授其诗歌：在对优质的否定、对形式的摧毁、对实体的粗暴直观中，必将奔腾出骤雨般

1 出自《向诗人倾述的花事》。

2 阿尔西德 · 巴瓦（Alcide Bava）是兰波为这首诗署上的化名。阿尔西德来自希腊语，意为“力量”，这也是希腊神话里最著名的英雄之一赫拉克勒斯的乳名；巴瓦让人联想到兰波经常使用的动词 baver，意为“流口水”，比如，《被盗的心》中一直重复的那一句：“我悲伤的心在船尾流着口水。”

3 出自《地狱一季》中的《永别》。

4 出自《向诗人倾述的花事》。

的阳光和从未在过于狭隘的诗歌的天空中见过的电闪雷鸣。

《向诗人倾述的花事》一诗的嘲讽，它惶惶不安的反抒情主义，是对曾经的感觉方式的扰乱，是对人为规划的颠覆；对兰波而言，在汁液的喷薄中，曾经像呕吐感一般的自厌之情幸福地消融——是的，在这首粗俗的、难以捉摸的、舞动着的诗歌中，存在真正的幸福。这也正是为何我偏爱此诗更胜于夏天的另一首长诗《醉舟》（Le Bateau ivre）。《醉舟》中的迷狂（extase）带有更多的焦虑，它展现的并非异象，而是神话；纵然它知道如何表达神话的广阔无垠，却也预示了最后的溃败。

《醉舟》由波德莱尔的《远行》（Le Voyage）[1]——唯一本质的源头——衍化而来。曾有那么一回，一位诗人想要检验社会建立的秩序，想要超越善恶——他不正是这样问："地狱或天堂，又有何干？"[2]——借用兰波后来的重述，则是"跳进未知之国的深部去猎取新奇"[3]。然而，爱的思维让波德莱尔保持清醒，他只在死亡中、只通过死亡寻觅出路。他在《远行》中说到，我们流浪所见的风景无止境地重复，向我们返还我们自身的形象。别在虚幻的别处，而要在每样存在、每件事物中追寻真实，在它们的有限性和消亡中察觉光芒。兰波是否——至少在这个时刻——

1《恶之花》的最后一首诗。

2 出自《恶之花》中的《远行》。中译参考《恶之花 巴黎的忧郁》，钱春绮译，北京：人民文学出版社，1991 年，第 320 页。

3 同上。

领悟了这种希望？无论如何，他将这有关寻找的新编神话收为己有，坚定地宣称，这其中有着一条通往真实的道路。他模仿着，将精神抛入深沉颜色的喧闹迸发之中，抛入像汹涌广阔的大海一般——在静静的长河之外——敞开自身的实体之中，掌控逻辑思维与感受惯例的“纤夫”[1]已被屠杀。在异象中，他发现了“未来的活力”[2]、有根基的生活和一种知识。兰波告诉我们他所看到的，以及他所了解的。至少，他带着对意象永不止息的焦渴——诗歌本身的焦渴，它做了太久“合理”与“别致”的囚徒——描述“（沼泽）澎湃发酵”、“液汁的循环”和“龙卷风”[3]，描述巨大的潜能化作行动的一切过程，这些行动爆裂、喧闹，像闪电般迅速，像深渊般宽广。欢乐的意象，未知最为强力的意象，必将长存——在诗歌充满期冀的部分里长存。

然而，这些不过是我们一侧的现实的意象与形式，而不是对未知的反映。很快，《醉舟》中将出现对未知的地点本身或对进入未知的方式的疑惑——“在这无底的黑夜［……］”[4]——更严重的，是对他的探索及其真诚性的质疑。“但真的，我哭得太多了”[5]，带着非凡的智慧，兰波忽然这么写道。出于爱的缺乏，他昨日还在苦恼中挥霍自

1 《醉舟》的头两行写道：“沿着无情的河水顺流而下，/我感觉失去了纤夫的指引。”
2 出自《醉舟》。
3 同上。
4 同上。
5 同上。

我，如今却已精疲力竭；抛开宏大的梦想，远离实体的节庆，他依旧留守在往日挫折的一个角落里，而这挫折依旧等待着被平复。兰波真的想如这小舟一般，进入海另一端的迷醉之中吗？在这无用的迷醉中，他不是更像诗中闪现三次的“溺死者”那样，失去了属于自身的迷狂？另外，一直试图认清自己、无法停止思考的他，突然坦白了真愿：

如果我向往一处欧洲的水，那会是
路边暗冷的水洼；香气四溢的黄昏，
一个满心悲伤的孩子，蹲着放出一只
易碎的小船，仿佛五月的蝴蝶。[1]

这静止的水洼，如果不是再度出现的童年场景的话，又会是什么呢？这新的小船，难道不是与未知、与存在的深处毫不相干的另一种需求：爱的需求？只要是深爱之人的恩赐，哪怕是最渺小的东西，他也会视若珍宝。说真的，兰波笔下的孩子“满心悲伤”[2]，他未曾得到爱；兰波已暗自明白，与承载所有力量的潜在性的“海的诗篇”[3]相对的，是未尽的童年导致的神秘孱弱。在《醉舟》里，跟在兰波的许多诗歌里一样，清醒的理智战胜了向着希望的最初一跃。刚刚被创造的异象显得无比虚妄：根本之爱释放出了

1 出自《醉舟》。
2 同上。
3 同上。

“发苦、赤红的”[1]野蛮，比起自由馈赠贡献的对一个人的简单爱情，它更少量、更无价值。异象在时空外追随着宇宙的宏大节拍，但它不一定能满足一颗心的需求。

V

我们将看到，这些矛盾会在接下来的数月里逐步加深。眼下，它们仅仅一闪而过。兰波将为英雄般的创举——盗火——投入全部身心。

他预备前往巴黎。在撰写“通灵人书信”之后、完成《醉舟》的最后几节诗行之前，一些重要的事件扰乱了他的计划。初夏，他形只影单，没太大希望在近期离开夏尔维勒。7月12日致伊桑巴尔的一封信件显示，他一贫如洗，甚至向书商欠债。在另一封于8月28日寄给德梅尼的信里，他用更阴暗的笔调描写了他的家庭情况：“嫌犯的处境：为了你了解的原因，我已脱离正常生活一年有余。无止境地被囚禁在阿登省这鬼地方，接触不到一个人；从事一种可耻、荒谬、顽固又神秘的工作；面对问题，面对粗暴恶毒的训斥，我只以沉默代答，让自己不损于法外之徒的定位，最后导致了一位像七十三个头戴钢盔的占领区军人一样强硬的母亲痛下决心。”[2]必须在强制劳动与逃跑中作出

1 出自《醉舟》。

2 出自1871年8月28日兰波写给德梅尼的信。

十七岁的兰波（卡尔加 摄）

选择。兰波遂向德梅尼征询意见或帮助，但德梅尼没有回应。他回复5月那封伟大的信件了吗？我们注意到，兰波与他的两三个旧友间有了隔阂。他们不复相见，他也停止给他们寄信、寄诗。他的才华已飞跃至太高的高度，他们已听不见他的呼喊。

不过，某个夏日，夏尔维勒的好友布列塔尼建议他寄诗给魏尔伦，布列塔尼曾与后者有过几面之缘。兰波写了信——两封信现已遗失——不久后，魏尔伦回复了。“来吧，亲爱的、伟大的灵魂。”备受敬爱的诗人说道。他邀请——他是第一位——兰波前往巴黎。9月的最后几日，他们碰面了。

绝对与言语

I

“啊！”在出发的几日前，兰波对德拉艾倾诉，“我要去那里做什么呢？”[1] 他还不大明白心中的疑虑。不过，到达巴黎后，无论在诗歌中，还是在生活方式上，他都延续了5月致德梅尼的信件里所宣示的决意。

他会如此，基本是出于一腔纯情。因为他“身处巴黎”，别忘了这种说法可以引起多大的误解。兰波梦想的巴黎，是波德莱尔与公社的巴黎：诗与起义在这“圣城”[2] 里现出真身。但他来到的巴黎并非客观的诗的圣地。它更像与伊桑巴尔一起的兰波所仰慕的地方，那时，更暴烈的激情尚未摧毁他对文人们的天真憧憬。这是平庸诗人们的狭隘世界——但他几乎从未脱离这世界——这些人沾沾自喜，放荡不羁，夸夸其谈美与艺术。兰波定是一下子便憎恨起他们，因为他并不把自己视作“艺术家”。倘若他很快摆出姿态，突显自己的粗鲁，这也是为了审判、侮辱这虚假的无序与虚幻的反叛。“审美”中的自鸣得意是最严重的不洁。道

1 出自德拉艾的回忆录《亲朋回忆》。9月的某一晚，兰波对他朗读了《醉舟》，之后说道：“我知道，没人写过和这一样的……不过，这个文人、艺术家的世界……沙龙！优雅！……我不知如何自处，我是左派，又腼腆……我不知道怎么说话……噢，要是比思想，我不输任何人……啊！我要去那里做什么呢？”

2 出自《巴黎重又聚起人群》。

德上，兰波将之放在“长期的、广泛的扰乱”的对立面。

“理智的扰乱”。关于兰波的巴黎人生，我们可以写出一份传记，也同样可以理出一个逻辑，展示他表面的流浪生活与其作品间的紧密联系。“一切形式的爱、痛苦、疯狂”。首先，它们的共通之处是一种禁欲式的贫困。与其说兰波在巴黎一贫如洗，不如说他着迷于贫穷的状态。魏尔伦或邦维尔伸出援手时，他会避开他们提供的安全感。他需要的是一种虚位，即几间陋室，还有饥肠辘辘的日子所提供的、人世正常运转之外的废弃时刻。这些困苦之上，又加上了魏尔伦的友谊。很快，这段友谊变成了情欲的迷恋，把兰波抛入了爱情的放浪与失序中。之后，他酗上了苦艾酒，或许也沾上了毒品。absomphe[1]，至少。在夏尔维勒的“啤酒”与“烈酒”[2]——简单的饮料，酒精的初级阶段——之外，兰波发现了“绿柱子”[3]，这个名字具有新的“绿色的酒馆”[4]一般的言语炼金术之美。刹那间，它成了“渴”的完成与再造，成了“渴”所揭示的真理。我们知道他的焦渴是怎样的：巨大，无法平息，可以说具有本体论意义；兰波为此写出了他最美的诗之一：《渴的喜剧》。这是一

---

1 absomphe 是兰波对苦艾酒的称呼。他在巴黎经常光顾一家叫“苦艾酒学院”的小酒馆。参见 1872 年 6 月兰波写给德拉艾的信。苦艾酒是 19 世纪文人们——尤其是魏尔伦——灵感的来源。

2 “烈酒”，原文作“fille”（姑娘），在阿登省方言里指半瓶烈酒。兰波在 1871 年 5 月 13 日给伊桑巴尔的信（“通灵人书信”第一封）中写道：“他们赏我喝啤酒和‘姑娘’。”

3 出自《渴的喜剧》，指苦艾酒。

4 出自《渴的喜剧》。

拉丁区（约 1875 年，杰尔曼 · 努沃 绘）

桌子一角（魏尔伦［左一］，兰波［左二］）（1872 年，亨利 · 方丹 - 拉图尔［Henri Fantin-Latour］绘）

出真正“神奇壮美的大歌剧”[1]，两个来自深渊的声音倾诉着它们对葡萄酒、苹果酒、牛奶、烈酒、茶和咖啡的贪婪需求——“啊！喝干所有的水壶！”[2]——这贪求是一种像伟大的先祖、太阳的同辈人所做的那样，在“液汁的循环”与自然的韵律中迷失自我的愿望。另外，在通往最本质的畅饮的路上——对“不曾欺骗的”[3]太阳的直观——苦艾酒被证明是最遥远的休憩地之一，通过引发与客观的诗类似的神迹，它揭示、释放火焰与异象。它是有关整一性的经验。之后，兰波将摆脱酒精，他将识破它恶劣的两歧性（ambiguïté）。比起幻象，酒精更无实体；与其说它是通往存在的进路，不如说它是一种很快便逆来顺受的消极性。不过，眼下，他乐于在酒醉中驱散诗意传统里的“传说”与“形象”[4]，也乐于见到险恶的形式世界分崩离析。同时，通过更大胆的方式，通过词语的新用法，他也在质疑着这世界。

因为最主要的“扰乱”，声称可以取代其他一切的“扰乱”，正是以语言为场所与手段。兰波留下了一份关于这整个时期的叙述，它理所应当地以“言语炼金术”为名。而他那时的诗歌很好地展示了炼金术带来了怎样的辩证法

1 出自《地狱一季》中的《谵妄 II：言语炼金术》。
2 出自《渴的喜剧》。
3 兰波在《渴的喜剧》中写道：“在不曾欺骗的阳光下，/ 人们该做什么？畅饮。”
4 出自《渴的喜剧》。

与“苦刑”[1]，从而让词语向他所谓的未知敞开。

II

我不打算解释兰波暗指的“体系”[2]，他想通过这套体系，从被唾弃的境遇里脱身，成为盗火者。不过，我想提出些可信的想法，为这诗才横溢的数月里兰波的语言与诗歌志向间的关系提供一点启示。

首先，他的新诗学无比依赖的未知是什么意思？他在致德梅尼的信里谈到，未知是异象的客体[3]，但没再深入论述。我们也许会认为，未知只是现实世界中未经勘察的部分，或可被感知的显象中无法察觉的面向；但这样的话，我们就无法发现，主要是出于隐喻的需要，《醉舟》或《向诗人倾述的花事》才展示出那些客体与地点，将“不可思议的佛罗里达”[4]置于远方显象世界真正的缺口处，越过我们目光所及之处。“我见过低垂的落日，被神秘的恐怖染上斑点”[5]：这更像是一次神显（épiphanie），而不仅仅是罕见的奇观。当兰波写出“纱窗帘之后便有异象”时，他无

1 “苦刑”（supplice）一词在兰波的诗中经常出现。比如，他在《地狱一季》中的《谵妄 II：言语炼金术》里写道：“科学和坚忍 / 都难逃苦刑。”

2 参见《地狱一季》中的《谵妄 II：言语炼金术》：“任何狂妄的诡辩——这被深藏起来的狂妄——我都没有忘记：我可以将它们从头到尾复述一遍，那个体系我已了如指掌。”

3 “他达到了未知，而当他在迷狂中失去对他之所见的理解力时，他真正看到了他的异象！”

4 出自《醉舟》。

5 同上。

疑指向了“现实”中的窗帘所不是的东西。不过，他想到的并非超自然的主宰。他不相信天使的存在，也没有从神秘学传统中借用对不可见的力量的信仰。他认识的只有“火神，太阳”与“自然之光”[1]。

因此，这既非超自然，也与显象世界——对许多人而言，显象是所有现实的尺度——无关的客体是什么？也许我们可以认为，异象与未知都没有客观价值？也许兰波只自足于幻觉与梦幻？他无疑熟悉幻觉，甚至会主动唤起它。“我已经习惯于单纯的幻觉，”他在《言语炼金术》的开头写道，“那分明是一座工厂，我却看到一座清真寺，天使组成的击鼓队，天宇路上驰行的四轮马车，沉没在湖底深处的沙龙。”刹那间的谵妄，让灵魂畸形，让它找回真正的自然野性——某种意义上，异象正是以灵魂为住所的。兰波声称，即将降临的普遍语言“属于灵魂，通往灵魂”[2]。但倘若我们相信兰波能够建造空中楼阁，那便是误会了这位本质上的现实主义者。“诗人确实是盗火者。”他说道。在《地狱一季》中，他断言意识会在诗性时刻的最高潮消融于现实的绝对中：“我的生命化作了自然之光的金色火花。”

1 参见《地狱一季》中的《谵妄 II：言语炼金术》：“最后，啊，幸福，啊，理性，我把蓝色，那实际是乌黑的蓝色，从天空分出，于是，我的生命化作了自然之光的金色火花。”

2 兰波在 1871 年 5 月 15 日给德梅尼的信（“通灵人书信”第二封）中写道：“这种语言属于灵魂，通往灵魂；芳香、声音、色彩，它概括一切，把思想与思想相连，又引出思想。”

“自然之光”！我们再次来到这个短语前，插入的“自然”一词被醒目地强调。它同时暗示了一种现实主义与一种精神生活。我们应该想起兰波读过的艾利法斯 · 列维或巴朗什：关于感知材料的所有相对价值，关于游离于所有显象之外、拥有绝对面貌的存在。感官只会说出我们的堕落。为了找回“真正的生活”，必须先扯下生活的纬线。这正是幻觉与谵妄起到的否定功用；这也意味着，在互相摧毁的面向之外的至高汇合即是异象。简言之，异象是对事物暴露出的“自在的存在”（en-soi）[1] 的感知，这种感知显然是间接的、矛盾的、转瞬即逝的。因其惊人的即时性，这自在的存在更像是一种力量，而非形象；更像是陶醉，而非演出；更像是跃升，而非状态。我们该把它视作神秘主义者口中的“夜”吗？但我们不该忘记，对兰波而言，我们的实存才是夜晚。当他想要描绘最深层的现实，即从日常感知的腐蚀中解放的现实时，他谈到了光辉，谈到了火焰，现实消融其中，仿佛小酒馆里“陶醉的蠓虫小蝇”在阳光中被驱散。我们难道不是太阳之子吗？“我把蓝色，那实际是乌黑的蓝色，从天空分出”，他这么写道。他终究抛下了显象感性的重担；通过异象，进入存在深处的自由——孱弱虚假的感知所拒斥的“火焰”里，从此诞生了“金

1 萨特用语，与人的“自为的存在”（pour-soi）相对。“自在的存在”，简单来说是物的存在，是超出人的意识之外的东西。它永远、绝对地存在，但却是偶然的，没有必然性，遮蔽自身，无法被真正认识。

色火花”。

因此，未知既是光、韵律，也是真正的行动与幸福，总之，是语言对合理使用的剧烈排斥。对语言的合理使用，不正与显象世界相连？它不正好仅仅说出了事物易感的外貌？它的对象，不正是存在本身的缺场？可以肯定，它不“属于灵魂，通往灵魂”。是的，但有一件事依然是真的——我现在要说明，在巴黎的这些日子里，究竟是什么助长了兰波对诗歌的期望——那便是，这暗淡的语言中，依旧有火花闪现。当我说出“一朵花”[1]时，所有既定便遭受质疑。在我们身处的黑暗之外，酝酿出绝对之物。分离开来的词语变回言语，为我们绝对的直观赋予形体。诗人因此相信，他将在词语中与他的所爱相聚。当马拉美说“所有花束中的缺席者”时，他将理念与心智的原型跟我们的有限与死亡相对立。当波德莱尔叫出“天鹅”（Le Cygne）[2]的名字时，他在一切都不过是阴影的地方，唤醒了真正的在场。兰波同样用这些救世主般的词语武装自己。不过，让他魂牵梦萦的，不是这些理念或感性的在场，而是自在的存在，

1 出自马拉美《离题集》（*Divagations*）中的《诗的危机》（Crise de vers）：“我说：‘一朵花！’我的声音将事物的外形流放到遗忘中。在这遗忘之外，甘美的理念本身音乐般地升起，不同于已知的任何花萼，它是所有花束中的缺席者。”

2 这也是《恶之花》中一首诗的标题。在《天鹅》中，波德莱尔感叹老巴黎已不复存在，他自比为一只天鹅：“几次伸着抽搐的脖子抬起渴望的头，/望着那蓝得可怕的无情的天空，/就像奥维德的诗篇中的人物，/向上帝吐露出它的咒诅！”之后，他从记忆中召唤前人：“于是在我心灵所漫游的森林里，/一个古老的回忆又把猎角狂吹！/我想起那些被遗忘在荒岛上的水手，/那些囚犯，俘虏，还有很多别的人！”（中译参考波德莱尔、里尔克：《图象与花朵》，陈敬容译，长沙：湖南人民出版社，1984年，第40、42页，译文有所改动）

它处于感知表征之外，实在、明媚、不断前进，这存在一直那么近，却一直被遮挡。命名，是朝着*未知*转向。命名似乎能让诗人即时、清醒地分享存在者（ce qui est）的爆裂火焰。词语只需要拒绝概念的说服，只需要拒绝服务他者，只需要背离日常观察的精神，便可尽可能久地处于不可命名者的照耀之下。我想，我已经说明了“虚无之歌”（chansons néantes）的志向——兰波不久后的一系列诗歌——和一种诗歌传统的志向，它们没有特定的哲学思想，而是最简单的歌谣，当我们明白它们几乎烧掉了思想与感知的刻板印象的面纱时，我们就会承认它们是最“明澈的”诗歌。谁不会在那些“童稚的节拍”[1]里，在那些“诗中的旧词古意”[2]里，回想起“翠绿的小树林”（bocages verts）[3]？绿色的品质与其他所有的品质、与相关的面向分离，它不再是显象，而成了面貌（visage）本身，笼罩在几乎被捕捉到的存在的无色之光中。这一回，诗成了耗费（consumation）[4]与返程，成了*改变生活*的诗、起始的诗。通过树木、泉水、夜莺、鸟儿守护的花园等隐喻，通过本质上的忧郁，它揭示了自身的意义。这些隐喻是未知的显现之地，是必须坚守的门槛；而这忧郁让诗人在靠近时仍保留了流亡的情感。

1 出自《地狱一季》中的《谵妄 II：言语炼金术》。
2 同上。
3 “翠绿的小树林”这个意象经常出现在法国古典诗歌与民谣中。
4 乔治·巴塔耶（Georges Bataille）的关键概念。

“燕麦，燕麦，好天气将你引来啦”[1]，兰波在杜埃哼着歌。他在《最高塔之歌》中写道：“最可珍爱的时间，/快来，快快到来。”在自觉的诗歌里，他自身继承了对存在的等待；在《渴的喜剧》中——标题也透露出了一种诗之艺术——他坦诚了这一情结。是的，“温蒂妮”[2]、“维纳斯”、“漂泊的犹太人”，诗中有着这些神话、这些本质的存在，它们一边述说，一边把我们的天性化为永恒。它们古老，因为精神始终照管它们；珍贵，因为无论如何，精神可以将它们天真的形象化为珍宝；但它们也是“流浪者”[3]，因为它们只是事物的一种表述形式，离现实晦暗的中心相距甚远。或许，通过它们的两歧性，这些形象能帮我们提炼出一种认知；或许，在这诗的喜剧的第二幕中说话的精神有理由要求它们兴起波浪、说说风雪，给我们的住所赋予人性——但兰波自己不想在这“精神”之诗中承认任何使命或安宁：

> 不，再不要这纯净的饮料，
> 这些玻璃杯的水之花；
> 传说与形象

1 这句歌词出自当时的一首民谣。“avène”一词在方言里是“燕麦”的意思。据伊桑巴尔回忆，兰波在一片燕麦田里哼了这首歌。

2 参见《渴的喜剧》。温蒂妮是中世纪欧洲炼金术士帕拉塞尔苏斯（Paracelsus）在其炼金术理论中提及的“水”元素的名称，亦是欧洲古代传说中掌管四大元素的“四精灵”之一，与“火”、“风”、“地”并列，后来被描绘成居于水边的美丽女性精灵。

3 兰波在《渴的喜剧》中写道：“古老亲爱的流浪者，/跟我说说大海。”

都无法止我的渴；
歌者啊，你的教女
是我疯狂的渴，
腼腆无嘴的九头蛇，
它摧毁，它侵蚀。[1]

“歌者啊，你的教女……”这些字句最清楚地说明，通过“诗中的旧词古意”，通过不具名的歌谣，兰波的诗之渴被带到了受洗之地，被带到了神圣化的生活的门槛前。兰波如今的计划是牢牢捉住歌者仅仅暗示出的存在。来到所有显象之外的灵魂渴求着用未定的韵律与谐音——失调、不完全的符号、不闭合的循环——去揭下面纱：

黄金时代

喧嚣中有一种声音
永远像天使的歌吟
——关于我——
它狠狠地说道：

一千种疑问
四散分岔
最后，只带来
迷醉与疯狂；

1 出自《渴的喜剧》。

认清这诡计吧
如此愉悦，如此简便：
这不过是海浪与花草，
也是你的家族！

接着，她唱道。噢
如此愉悦，如此简便，
裸眼可见……
——我与她同唱——

认清这诡计吧
如此愉悦，如此简便，
这不过是海浪与花草，
也是你的家族！……

接着，一个声音
——多么像天使！——
关于我，
它狠狠地说道；

这时，气息的姐妹
唱了起来：
带着德国口音，
既激烈又饱满：

世界是邪恶的；

这是否让你吃惊！
活下去，将黑暗的厄运
留给火焰。

噢！俏丽的城堡！
你的生命多么明媚！
你来自哪个世代，
我们兄长的
皇子的天性？……

我啊，我也唱着：
众多的姐妹！声音
一点儿也不公开！
快用羞赧的荣耀
将我包围……

在通往未知的进路上，这首美妙的诗无疑是至高的时刻，这也是我全文引用的原因。兰波很可能于5月返家时，在夏尔维勒写下了它——魏尔伦想要与妻子和解，兰波的离开是安抚她的代价——或者，若是相信手稿[1]，它的创作时间还要再稍稍迟些。无论如何，这首诗保留了家族的回忆，因为我们听到他的姐妹们在说话与欢唱。我们想象他自愿关在屋里，隐约听到她们的歌唱。他处于感官扰乱最

1 兰波手稿上注明的日期，通常是之后誊写的日期，而不是写作的日期。因此，《七岁的诗人》应该耗费了他日日夜夜的工作，但手稿上的日期只有1871年5月26日。《黄金时代》誊写于1872年6月。——原注

剧烈的时期，他在幻觉、“具有魔力的诡辩”[1]、所有显象的分离中制造日常的幸福。在《言语炼金术》的一份手稿上，正是在引用《黄金时代》之前，他写下了关于失而复得之共享（participation retrouvée）的名句。[2]在他眼前，感知变得混乱。寂静成了千万种变形的底稿。但作这首诗的契机，让它在这些光影中成形的契机，是兰波通过姐妹们的歌声在梦幻中听到了童稚之诗的词语，它们把绝对的现实说得如此完美。在逻辑的失序中，“俏丽的城堡”、“海浪”和“皇子”让一种潜伏的意识瞬间成形并发挥功用，这个意识比个人更广大，比目光更繁多，比音乐更即时；在意识之中，且通过意识，不自主的思想在存在者中消融。那些声音难道不是在“狠狠地”（vertement）说话，仿佛通过炼金术，嬗变出了绿色（vert）的特质？[3]“海浪”（onde）、“花草”（flore），它们难道不是最流动的现实，委身于散发着纯粹之光（lumière）的哑音 e，仿佛向着后期塞尚（Cézanne）水彩画中的形式敞开自身吗？[4]在《言语炼金术》的手稿中，兰波一边引用这首诗，一边高呼：“我变成一幕神奇壮美的大歌剧。”碧绿、光亮、植被、水波的

1 出自《地狱一季》中的《谵妄 II：言语炼金术》：“我用词语的幻觉解释我各种具有魔力的诡辩。”

2 不过，在后来的定稿中，《黄金时代》被删除了。

3 “vertement”一词由“vert”转化而来，后者在法语中有“精力旺盛的”、“未经处理的”、“严厉的”、“激烈的”等引申义。

4 “onde”、“flore”和“lumière”同为阴性，且都以不发音的 e 结尾。在兰波的诗中，哑音 e 会组成比较柔和的韵律，代表女性、自然、纯洁，这些以哑音 e 结尾的词语也会构成意象网络。

声音萦绕着他，无色深渊的光线包围、供养着他。他感到，个人的问题已烟消云散，他真正地存在，而不似从前只是思考或行动。

我还想在明媚的生活中逗留片刻，因为这一进路将支配兰波的整个命运。

另一首诗中，兰波带着疲倦的愉悦，述说着被他征服的永恒：

它被找回了。
是什么？——是永恒。
是与太阳一同消融的
大海。[1]

这“融入太阳的”大海——这首诗的另一个版本[2]——正是他最深沉、最古老的夙愿。童稚之光中，日常的晦暗被驱逐。在经验的最高处，在日与夜之上，乃至时间与希望之上，有一种幸福，瞬息间让他进入他所追求的解脱之中：

哨岗的心，
呢喃着自白，
来自乌有的夜

---

1 出自《耐心的节日》（Fêtes de la patience）中的《永恒》（L'Éternité）。“是与太阳一同消融的 / 大海”，原文作“C'est la mer allée / Avec le soleil”。

2 该诗共有三个版本。“融入太阳的”这一版出自《地狱一季》中的《谵妄 II：言语炼金术》，完整诗句是“是融入太阳的 / 大海”，原文作“C'est la mer mêlée / Au soleil”。

与炽火的白日。

人类的赞许，
与共同的冲动，
你摆脱其束缚
径自飞离。[1]

“那时，”兰波在手稿中写道，“这是我永恒的生活，不被述说、不被唱诵——它是人们所信的神意般的东西，它从不歌唱。”他差点在“神意”之后加上一之世界的律法（les lois du monde un）。他设想出一个耗尽语言的整一性，以及一个内在的、不可名状的原则。那是被寻回的火焰。

然而，在同一批手稿中，他又说自己在这首诗中的表达“很笨拙”。他写道：“我曾以为我找到了理性与幸福。”这句话表明一切皆幻。《言语炼金术》的终稿里，他写道：“我的健康受到威胁。恐怖到来了。我倒下沉睡多日，起来以后，我继续做着最忧伤的梦。我已经走到了死亡的边缘，我的弱点沿着一条危险的道路把我引向世界和西梅里[2]的尽头，那黑影与旋风的国度。”被寻回的永恒，只是“高贵的片刻”[3]；一场幻觉，别无其他。从一张稿子到另一张稿子，便有如此大的不同，这何以可能？又意味着什么？不过，纵使在《黄

1 出自《耐心的节日》中的《永恒》。
2 西梅里是克里米亚（黑海北岸地区）的旧称。古希腊历史学家希罗多德（Hérodote）记载，曾有西梅里人（一支古老的印欧游牧民族）在那里居住。
3 出自同一批手稿。

金时代》中，我们也能听到一丝杂音。首先，杂音来自一个简单的事实：诗歌仍然存在，词语没有完全被存在的内在性吸收，它们始终提供一层含义、一套唱词，意识坚守其中，有限的境地也因此挥散不去。其次，它来自歌唱的主题：让我们听听这些相互纠缠、相互诋毁、不断复始的声音。在它们"激烈"生命的核心，存在一个（"关于我"的）事实：它们谈论的是兰波自己。尽管他像在启蒙的童话里一样被说成具有"皇子的天性"，他却也被称为"兄长"，姐妹们别过头去，远离他危险的、不可理解的忧虑：

> 活下去，将黑暗的厄运
> 留给火焰。

这里有着存在之"火焰"或对存在的寻觅，但也有着与"火焰"相连的非同寻常的厄运，正如这场寻觅暗暗坦承的那样。在异象中最明媚的时刻，对这厄运的直观依旧在场。何为"黑暗的厄运"？我们需要到兰波的另一首诗中去重新发现。

III

"我继续做着最忧伤的梦……"在《言语炼金术》的手稿中，紧跟着这句话，兰波的梦境之一在《回忆》一诗里现身。

当我们发现这首极度神秘的诗至少有一部分记录的是梦境——就这个词的字面意义而言——时，我们就明白了它的含义。曾有评论家把它理解成兰波第一次出走时的回忆：某个节日的午后，他把母亲和妹妹们遗弃在“草原上”；抑或把它视作一场关于最久远的离去——他父亲的离去——的幻觉。不过，所有这些主题都建立在更本质的象征主义中。“她”是远离光亮的默兹河[1]，本着宿命与内在的阴暗，宁可消失在拱桥下的阴影中[2]。“她”也是兰波夫人、“妻子”[3]，出于焦虑与傲慢，偏离了生活本来的河道，却为此付出了代价，黯然地追悔消失于群山之后的太阳，本应让她的存在变得不那么阴暗的伴侣也与太阳一同离去[4]。兰波夫人是静止的河流。她也是德拉艾在第一本书[5]里提到的疯人，在河岸边自怨自艾。她还是那朵黄花[6]，是死水的忧郁，是选择孤寂与死亡之人。当她作出这样的选择，她也将她的儿子滞留在此。在默兹河之上，儿时清早的小舟重现，在家与学校之间，兰波曾用数分钟徒劳地摇动连着它的沉重锁链：

1 默兹河发源于法国香槟 - 阿登大区，流经比利时，最终在荷兰注入北海，同莱茵河口连成三角洲，全长 925 千米，是欧洲的主要河流。

2 兰波在《回忆》中写道：“青天的华盖前，她变得暗沉，呼唤着 / 丘陵、拱桥的影子来作窗帘。”

3 兰波在《回忆》中写道：“水的忧郁——你的山盟海誓，噢，妻子！”

4 兰波在《回忆》中写道：“［……］唉！他像 / 一千名一路四散的白色天使 / 在山峦上远去！她，那么 / 冰冷，黑暗，奔跑着！在男人离去后！”

5 德拉艾的第一本书是《魏尔伦》（*Verlaine*），出版于 1919 年。

6 兰波在《回忆》中写道：“［……］纠缠我的黄花。”

忧郁的水之眼，我无法够到它的玩具，
噢，停泊的小舟！噢！太短的胳膊！既非这朵，
也非那朵；既非在那儿不断纠缠我的
黄花，也非作为灰烬色水面上之伙伴的蓝花。

啊！翅膀晃动下垂柳的飞尘！
芦苇的玫瑰红早已被啃食殆尽！
我的小舟，始终停滞；无边的水之眼
在深处拖曳它的锁链——向着何处的淤泥？[1]

兰波正是这“停泊的小舟”，在焦虑的无意识那深不可测的“淤泥”中，他被母亲的厄运拖曳。纵然有着所有的“幸福”，《醉舟》结尾处的苦恼却又在此显现，仿佛一场自此被清楚认知的着迷，仿佛一份对失败的自供。手稿中，在《回忆》之后，便是“黑暗的西梅里，死者的国度”。此后，字迹中断，多有空白，难以辨清，但我们可猜出“小舟”一词与“惊恐”一词相连，这无疑属于已散佚的诗作《世界边境》（Confins du monde），兰波本打算将它收入书中。这是一首反《醉舟》，在胜利的航行之外，它描绘了通往死亡的宿命之旅。

《回忆》作于1872年，或许是在5月的夏尔维勒，兰波等待返回巴黎之时。

我们可以在另一些篇章里找到同样的思想、预感和苦

1 出自《回忆》。

恼。《爱的荒漠》[1]，它的创作时间兴许更早些，何况，文中的情感也似乎与冰雪、严寒相连，与冬日的巴黎相连。“这些篇章，”《告读者》（Avertissement）[2]里写道，“出自一位青年之手，他非常年轻，生活漂泊不定；他没有母亲、没有祖国，也不去考虑别人关注的一切，逃避着道德的约束，像许多可怜的年轻人曾做过的那样。他啊，那么厌倦，那么烦恼，会做的只有奔赴死亡，就像走向可怕而又致命的羞耻心。”

接着便是“最忧伤的梦”。在这里，我们注意到，散文在兰波那里开始显现分析、认知和供述的功用。散文比诗句更具耐心、更具怀疑性，能更好地表达麻痹其内心的真实冲突。《爱的荒漠》有着意识的不祥之美。我们发现，在充满“幸福”与迷醉的几个月中，兰波对他持久的厄运保持着最敏锐的认识。首先是与“女人”的分离：“我在一间没有光亮的卧室里。有人告诉我她已经来了，我看见她躺在床上，一切都属于我，没有光亮！我太激动了，因为这是在我的家里，同时，我感到一阵揪心！我衣衫褴褛，而上流社会的她却委身于我；她应该走开！带着无名的酸楚，我抓住她，她近乎赤裸，跌倒在床下；带着无法战胜

1 我们绝对不能听信德拉艾口中《爱的荒漠》的创作时间：1871 年春。在兰波的情感历程中，这些篇章与《回忆》、《耻辱》紧密难分；而在他想象的历程中，它紧随《城市》（Ville）的冬日印象之后。从单纯材料的角度看，H. 德 · 布扬 · 德 · 拉考斯特（H. de Bouillante de Lacoste）所做的手稿鉴定确认了 1872 年这一说法。——原注
2 出自《爱的荒漠》。

的软弱，我跌落到她怀里，和她一起在地毯上爬行，没有光亮。家中的灯光一束接一束地映红了近旁的卧室。女人消失了。我流出的泪水比上帝在任何时候要求的都多。”[1] 兰波还写到，他追随她跑进积雪的大花园里，却徒劳无获。他知道她不会复返，因为“幸事的流转，比星辰的再现还要漫长”[2]。我们看到，躲藏起来的不是现实中的女人，而是爱本身，它是万物之灵，是星辰的原动力。它是宇宙的定理，是存在本身的重力，它将这“迷途的灵魂”[3] 放逐出永恒的运动。

至于被放逐的原因，兰波并非毫无头绪，那是“家中的灯光”，它的到来扰乱、摧毁了他与存在者之间的幸福。“在城里，”兰波在《地狱一季》中写道，“我突然看到污泥黑土都呈红黑色，就像邻室灯光晃动中的一面明镜[……]。”[4] 正是母亲的精神谋害让他彻底远离真实的一切。

《爱的荒漠》也是悲伤的自白：“我失声痛哭，为了所有这一切[……]伴着黑夜，我让自己身体里的全部泪水滚滚流尽[……]真的，这一次，我比全世界所有的儿童哭得更厉害。”《醉舟》中的“我哭得太多了！”，在此找到了存在的意义，找到了它的永恒与深渊。长诗的结尾与《爱的荒漠》中都有同样的孩子，他始终渴望通过共

1 出自《爱的荒漠》。
2 同上。
3 出自《爱的荒漠》中的《告读者》。
4 出自《地狱一季》中的《坏血统》。

享之爱的联系，依附于一个存在、一个有限的视域和一个地点。他将家族、房屋、国家看作流亡之地与荒漠，却期冀“幸事的流转”在宇宙中重新给予他一个位置，再卑微也没关系。他向异象所求的正是这种在火中、在惊惶的源头重获的爱。然而他已明白，“高贵的片刻”不能把火焰带往他的生活，只会耗尽他的气力，摧毁他不安的抵抗，最终消除他在社会上生存、接收或施予爱的微弱能力。当他缄默不语、“衣衫褴褛”、惶惶不安时，他回到了他所说的“幸福”中，但他还剩下什么资源来恢复他与旁人的交际？他喜爱他们身上他所不具备的自信。

换句话说，在试图从深处和实体中找回现实后，兰波却更加失去和谐和共通。这正是《地狱一季》的序诗所想表达的：原始的生活，“真正的生活”，既被说成是“醇酒涌流无尽”的、存在实体本身的快感，又是——神秘的偶合——爱的共通（communion）。[1]懂得写出这些的人，也懂得只有在这两种形式的爱相互失调之时，“美”与“力”才能重新开始。[2]在致德梅尼的信中，兰波曾提到希腊人“和谐的生活”[3]。而这希腊的社会关系如今已变质，这美，它啊，

1 参见《地狱一季》中的序诗：“我的生活曾经是一场盛大的饮宴，筵席上所有的心都自行敞开，醇酒涌流无尽［……］我想到要寻回开启昔日盛宴的钥匙，在那样的盛宴上我也许能恢复食欲。仁爱就是这把钥匙”。

2 出自《地狱一季》中的《谵妄 II：言语炼金术》。

3 出自 1871 年 5 月 15 日兰波写给德梅尼的信（“通灵人书信”第二封）。

在某“一天”内变得“苦涩”。[1] 反叛现时的厄运，以未知之名侮辱它，在爱之前先去恨，这真是到达最初的善与爱的方式吗？他是不是又远离了些许他曾拒绝过的飨宴？

或许，通过与存在的在场本身最为绝对与可能的联系，诗让我们全身心投入对整一性的追求，最后却只让我们与其他存在分离，恢复我们本以为消除了的二元性。或许，诗从来都只是一条死路。只有在承认失败时，它才能找到真实。

不过，至少就目前来说，这个真相并未安抚到他。对此他并未费心阐释，他依旧向往着救赎。

IV

就救赎——这被向往却从未被拥有的救赎——而言，兰波发觉自己被一种难以解决的矛盾囚禁了。一边是幸福，这片刻的幻觉。兰波自此如饥似渴地追求幸福，却只换来诅咒与污秽。“我是被天上的彩虹罚下地狱的。‘福祉’是我的丧门星，我的悔恨，我的蛀虫；我的生命过于辽阔，难以献身于力与美。”[2] 我们在“彩虹”中认出了《醉舟》开头所致意的神显：它既是显象的剥除、异象视域的无边扩张，也是兰波对他所瞧见的光亮所寄予的希望。

1 参见《地狱一季》中的序诗：“一天夜里，我把‘美’抱来坐在我的膝上——我发现她苦涩惨淡——我便对她狠狠地辱骂。”
2 出自《地狱一季》中的《谵妄 II：言语炼金术》。

另一边，则是对错误的感受。“他未曾爱过女人——尽管他热血沸腾——在奇特与忧伤的错误中，他培育着他的灵魂、他的心和他的全部气力。”[1] 先出现了一种需求，后出现了反驳它的确证；在这 1872 年 5 月与 6 月的内心冲突中，满是踌躇与惶恐。这一时期最阴暗的诗——尽管表面无法看出——是《五月的旗帜》（Bannières de mai）[2]。这是夏日之诗，却也是夏日绝望之诗，既凶恶又灰暗，纵然有着自然界的青空与郁木，它却讽刺地成为通往“黑暗的西梅里，死者的国度”的真正道路。

五月的旗帜

在椴树明亮的枝头
病怏怏的号角渐渐死去。
然而精神之歌
却在醋栗间飞来飞去。
让我们的血液在血脉中欢笑，
这里的葡萄藤枝蔓缠绕。
天空如天使般美好。
青空与海浪相交。
外出。如果一束光将我刺伤
我将在青苔上死亡。

1 出自《爱的荒漠》。
2 出自《耐心的节日》。这首诗也有不同版本。另一版本的标题是“夏日的耐心”（Patience d'un été）。

忍耐、烦闷
太过简单。呸！我的苦痛。
我愿戏剧的夏日
将我绑在命运的彩车上。
多数是通过你，噢，自然，
——啊！少些孤独，少些乌有！——我才死去。
而不像那些牧羊人，多么可笑，
他们几乎只在人世间死亡。

我愿四季将我磨损。
自然，我委身于你；
还有我的饥饿与我全部的焦渴。
愿你养育，愿你滋润。
再没什么能使我幻想；
向太阳欢笑，如同向父母欢笑，
但我，什么也不能让我欢笑；
愿这份不幸自由自在。

这些忧愁的诗句倾述着他对异象的徒劳等待、他的烦闷、他因失败导致的千种苦痛。当我们投身于扼杀人的时间、委身于致死的季节，全然的绝望带来阴暗的愉悦时，我们为何还要成为异象的囚徒？“向太阳欢笑，如同向父母欢笑”，兰波写道；如《爱的荒漠》一样，这惊人的诗句表明，我们无法分离对一种存在的爱与对所有存在的爱，当其中一种被剥夺时，我们便无法感受到另一种——而今，这样的想法只会让兰波傲慢地回绝所有的爱。我们可将《五月的旗帜》视作对厄运的心醉神迷，它从自身的虚无中创造愉悦。他放弃了除生理需求之外的饥渴，放弃了所有幻想与希望，因而诞生出了一种苦涩的自由。

或许兰波会在某一天全心体会这积极的绝望、这清醒、这真正的最后的离去。当他离开欧洲，“愿这份不幸自由自在”，这些词语或许会为他的一段生命划下休止符。不过，眼下，在拒绝自我矛盾这点上，他尚未如他所说的那般明确地作出选择。《言语炼金术》中所附的《“噢，四季，噢，城堡……”》既坦承了“幸福”带来的灾祸，又表达了对它的屈服。[1]是的，“幸福”攫取了“身心”，让一切救赎的“努力”化为泡影。他从“言语”中剥夺了一致性，而这一致性是对和谐的反映或预示。[2]然而，谁又能躲过幸福的魅惑？固然，在向往的城堡与季节——即在绝对之中构建的生活，它拥有真正的地点与时间——之外，这满足不过是所有人类灵魂的固有“缺陷”。[3]这里，兰波不似在《五月的旗帜》中那般自厌、那般苦涩，倒更接近忧郁，更接

1 参见《地狱一季》中的《谵妄 II：言语炼金术》所附的《“噢，四季，噢，城堡……”》：“对于幸福我做过神奇的研究，/ 至今没有人能将它猜透。[……] 可我也不再奢求，/ 它已主宰我的命运。// 这魔力攫取了身心，/ 将一切努力化为泡影。”

2 参见另一个版本的《“噢，四季，噢，城堡……”》：“从我的言语中能明白什么？/ 它们已经烟消云散。”

3 参见《地狱一季》中的《谵妄 II：言语炼金术》所附的《“噢，四季，噢，城堡……”》：“噢，四季，噢，城堡，/ 什么样的灵魂完美无缺？”

近某个清晨——ad matutinum, au Christus venit[1]——那时，他再度向希望臣服。

在《最高塔之歌》中，希望——他所臣服的希望——再度暴露无遗。带着同样忧郁的语调，这虚无的研究（étude néante）[2]，这贴近未知的诗歌更是书写精神自传的尝试。“隐退”、“耐心”、“高塔”，我们如今懂得了这些词的含义：它们是一种扰乱感官的方式、一种人生——他想找回火焰，最终却被徒劳地封锁在对幻觉的追逐中。诗歌告诉我们，伴随“幸福”而来的是怎样的苦涩，幸福又造成了怎样的损害：

一片芳草地
被弃于遗忘，
生长又开花
带着焚香与稗草
一百只肮脏的苍蝇
嗡嗡作响。

啊！贫苦的灵魂
那千种孤寡的境况

1 拉丁语，意思是“早晨，基督降临”。参见《地狱一季》中的《谵妄 II：言语炼金术》：“幸福！它的利齿，对死是温柔的，它在最阴暗的城市，雄鸡报晓的时候——ad matuitinum, au Christus venit——向我发出警告”。随后，兰波便引录了《“噢，四季，噢，城堡……”》一诗。

2 参见《地狱一季》中的《谵妄 II：言语炼金术》：“这首先是一次研究。我写下无声，写下黑夜，我记录了不可表达，也记录了晕眩惑乱。”兰波曾想把《谵妄 II：言语炼金术》中出现的几首诗变成组诗，取名“虚无的研究”。

［……］[1]

在“孤寡的境况”——读过《爱的荒漠》的人能轻易理解这个词——之外，在犯错的感受之外，我们蓦然间听到了向希望卑躬屈膝之语：

啊！快快到来，
春心互慕的时光！[2]

这里，兰波首度暗示了一种全新的方法，它能完成救赎，避免幸福变成苦涩。

V

啊！贫苦的灵魂
那千种孤寡的境况
心中仅有
圣母的形象！
他们是否会向
玛利亚祈祷？[3]

对兰波而言，圣母徒有单纯的“形象”，不蕴含任何信仰，如同《初领圣体》中“书上的圣母”那般，而这正是兰波最初的“孤寡”情形之一。但在1872年5月或6月，

1 出自《耐心的节日》中的《最高塔之歌》。
2 同上。
3 同上。

惶惶中他又回到了童年的宗教中去。

别怀疑，他真这么做了。“我不得不去旅行，”他写道，“把聚集在我头脑中的魔狂驱散。我爱那大海，仿佛它可以洗净我一身的污秽，我看见给人带来慰藉的十字架升起。”[1]不过，这段话并不表示兰波已找回了信仰；只是，在卡巴拉的教诲之外，经验本身的失利在他心中唤醒了基督教的某些道德范畴。“我是我洗礼的奴隶”，他将在《地狱之夜》里写道。

他曾试图超越善恶，复活黄金时代；他像抢掠一般收复它，却最终败北。站在“通灵人书信”里的人文主义的角度，他与普罗米修斯一样，有权自诩为最高贵、最不幸的人类；但他却以路西法自况，认为在这不加节制的行动中，他触犯了骄傲的原罪。恶魔向他咆哮：“你所有的大罪”。[2]首先是贪婪，即谋求私利、拥有强烈占有欲的一种形式。我相信，从那一刻开始，兰波便认为——或宁愿认为——自己是因私欲而错过了“幸事的流转”；于是，他想起了“仁爱”[3]这一基督教理念，把它当作“开启昔日盛宴的钥匙”。

---

1 出自《地狱一季》中的《谵妄 II：言语炼金术》。

2 参见《地狱一季》中的序诗：“‘你还是做你的豺狼去……’，魔鬼叫着，给我戴上如此可爱的罂粟花环。‘带着你的贪欲，你的利己主义，带着你所有的大罪，去死吧。’”

3 原文作“charité”，在基督教中即“爱”，是《哥林多前书》13：13 中提到的三圣德（信、望、爱）之一，被认为是基督耶稣的基本教导、超越本性或超自然的德性。其对应于希腊语中的 agape。在本书中，我们将其翻译成“仁爱”，以与普通的“情爱”（amour）相区分。这也是遵照《圣经》原文的译法，比如：“你要逃避少年的私欲，同那清心祷告主的人追求公义、信德、仁爱、和平。”（《提摩太后书》2：22）

这果真令人讶异吗？我并没忘记，仁爱——纵使取它最模糊的含义——排斥《太阳与肉身》中的需求、“通灵人”的计划，乃至《爱的荒漠》中所表达的欲望。仁爱甚至不再要求兰波去获取认同：初到巴黎时，出于想要被全盘接受的孩童需求，他曾表现得多么蛮横无理，曾多么迫切地从他人身上获取认同。然而，在仁爱对这些的排斥之中，爱不是可以再生吗？这不是最紧要的事吗？昔时，或曾有过光辉之爱的时代，爱既宽广无边，又不失去节制；虽自私，却不自傲。但如今，在基督这“能量的窃贼”[1]的统治下，是否只剩下受难、利他、不占有这种形式的爱？流亡者相互扶持，通过对他人的给予，他们是否至少能躲避孤独、恢复些许“太阳之子的状态”？我稍后将回到兰波——他“无情”（sans cœur）[2]却有情——不断重提的这些问题上。当他与魏尔伦迁居比利时和伦敦后，他将用他一贯的方式思索它们、尽力体验它们。多亏他精美的诗作——春天的诗作，我们的语言中最美的诗歌——和《精神猎捕》（La Chasse spirituelle）[3]，他将真正弄清自己内心的真相。

这个6月，他熬夜工作，这次的夜晚是苦甜交织的夜晚。“从午夜到凌晨5点，”他在6月致德拉艾的信中写道，“上个月，我在王子殿下路的房间，对着圣路易中学的花园。

1 出自《初领圣体》。

2 1870年11月2日兰波写给伊桑巴尔的信的落款为“这无情的兰波”。

3 兰波散佚的诗作。魏尔伦声称，在前往比利时前，将手稿遗落在他妻子那里，之后便丢失了。1949年，曾有人自称找到了该手稿，引起了极大轰动，后被证实为赝作。

窄窗下长着巨木。凌晨 3 点，烛光转暗，全部的宿鸟在齐鸣：结束了。不再工作。我不得不望着郁木与夜空，被这不可名状的时辰、这拂晓的第一个时辰俘获。”我们想起了《“噢，四季，噢，城堡……”》：“幸福！它的利齿，对死是温柔的，它在最阴暗的城市，雄鸡报晓的时候——ad matuitinum, au Christus venit——向我发出警告”。[1]

在描绘如此多忐忑的迷狂与心碎的难题的图景上，我还得添上另一种不安，它或许最为猛烈，且与命运相连。“通灵人书信”与《爱的荒漠》只差了不到一年，但读来却感觉它们足足隔着一整个人生。“通灵人书信”的作者用将来时写作，他站在某个计划或某种生活的起始处，时间不令他烦忧；但《爱的荒漠》里《告读者》的作者却只用简单过去时，他的人生似已终结。为何十八岁的兰波会相信这些错误——无论多么奇特——是决定性的？因为他必须在童年结束前解决这一切问题——而这正是他才华的源头、活力的由来；兰波用这股活力探索可能的出路，倾尽才能狂热地为

兰波（1872 年，魏尔伦 绘）

1 如前文注释所说明的，这句话出自《地狱一季》中的《谵妄 II：言语炼金术》，兰波以此引出《“噢，四季，噢，城堡……”》一诗。

区分“非凡”与“不可能”，正如雷茨[1]所言。任何想要疗愈童年初期留下的伤痕的人，都必须保留孩童的纯真。理智的成人将失去所有的补救方法。兰波知道这一点，因此，他的错误对他或许是致命的；他也为内心的停滞犯愁。《耻辱》一诗带着与《爱的荒漠》相同的绝望[2]，却有着全然悲剧性的自厌之情。想必这首诗作于6月的某个夜晚——无疑远早于拂晓的降临。

耻辱

只要那刀片尚未
切开脑髓，
这白绿相间的肥厚包囊，
从未溢出清新的蒸汽，

（啊！他，真该割掉
他的鼻子、嘴唇、耳朵，
剖开他的肚子，卸掉
他的大腿！噢，太棒了！）

1 让-弗朗索瓦·保罗·德·孔蒂（Jean-François Paul de Gondi，1613—1679），即雷茨红衣主教（Cardinal de Retz），路易十四（Louis XIV）时期的政治家、大主教，与当时的首相马萨林（Mazarin）敌对。他后来被投入监狱，之后流亡各国。他因创作于1657年至1677年的《回忆录》（*Mémoires*）而名扬后世。在此书中，他写到，“英雄式的判断”，是“区分‘非凡’与‘不可能’”。

2 《米歇尔与克里斯汀》也阐述了对命运的警醒。这位通灵人，在“风雨中献身宗教的午后”，是否能与“蓝眼睛的新娘”一起，到达“黄色的幽林与明亮的山谷”，那生命中的整合之地？然而，基督现身，终止了这“田园牧歌”。——原注

但是，不；真的，我想
只要刀尚未砍向他的头，
石头尚未砸去他的腰，
火尚未烧到他的肚肠，

他便不会动弹，这讨厌的
孩子，如此愚蠢的野兽，
不能没有一刻不去
欺骗、背叛，

就像石山中的一只猫，
熏臭了整个世界！
可待他死去，噢，上帝！
愿有几声祷告响起！

我将以这首诗作为结论。《耻辱》展示了作者多么不幸。我取“不幸”一词最极致的含义。在兰波身处的一切情境中，在他试图据为己有的一切理念中，我们都该记住他的不幸。

顺带一说，我们不能因此低估了他的严肃。他写出《耻辱》的时间，正是他在巴黎逗留的几个月，这时的他做了多少无用的挑衅，开了多少粗鲁的玩笑。他用“打趣的报复”与“老虎般的事物”[1]，来让一个时常轻浮的人[2]养活自己，他带着戏仿之心与人一起创作《诅咒诗画集》（*Album*

1 出自 1872 年 5 月魏尔伦写给兰波的信。
2 即魏尔伦。

兰波（让 - 路易 · 弗兰 绘）

zutique）[1]，但这些，不过是为麻醉自己的心智所玩的小游戏。兰波愤然发现，自己需要幼稚，需要不负责任的行为。在他的内心深处，对自身最警醒、最不安的监察从未停止，正如《爱的荒漠》中《告读者》里的死者所言，这兴许是一种“可怕而又致命的羞耻心”。

1872 年 7 月 7 日，兰波猝然出走，带着魏尔伦远离巴黎。是的，如果我们相信他的同伴所言，这场旅行一开始仿佛一场离家出走，他们还上演了如偷偷逃家度假的初中生那般的滑稽戏码。然而，不用怀疑，这是兰波作出的重大决定。此后将长驻于他心中的高贵计划，会与曾经的“通灵人计划”一样重要。

1 从 1871 年 9 月或 10 月开始，一帮诗人、画家和音乐家在拉辛路与医学院路拐角处的陌生人旅店定期聚会，其中包括魏尔伦、兰波、诗人夏尔 · 克洛（Charles Cros，他也是留声机的发明者之一）与他的医生兄弟安托万 · 克洛（Antoine Cros）、诗人莱昂 · 瓦拉德（Léon Valade）等。他们自称“诅咒诗人社团”（Cercle des poètes zutiques），《诅咒诗画集》则是他们出版的合集，所收作品均为匿名创作。

仁爱的践行

I

在巴黎的最后几个月，当他对异象的追求变得虚假、困顿时，兰波才与魏尔伦难舍难分起来。

初次相见以来，兰波就不曾抗拒过他想要交好的欲望。从他古怪的到来开始，诧异的魏尔伦便对他忠心不二。这位阿登省的农民“穿着木屐”[1]傲慢地走进魏尔伦的岳父母家里后，魏尔伦抵挡住周遭的责备，选择追随兰波，开始可疑的扰乱感官的实验。他欣赏他，和他一起重新喝起酒来。随后，带着躁动的无忧无虑之心，魏尔伦将一项他不是不了解其严肃性的研究变成了一长串游戏。入春后，一个小小的社团成立了，远离其他诗人，也不关心那些人的价值。其成员包括黎施潘[2]和人送绰号“伽弗罗什”的弗兰[3]。在这友人组成的小团体中，兰波与魏尔伦的关系可以公开表现

1 参见《彩图集》中的《生命》：“我想起自己乞丐的童年，做学徒工，穿着木屐进门［……］。”

2 让·黎施潘（Jean Richepin，1852—1931），法国诗人、小说家、剧作家。军医之子，生于阿尔及利亚。1868 年考入巴黎高等师范学校，获得文学硕士学位。普法战争期间，曾加入反侵略游击队。此后生活放荡不羁，曾当过记者、水手、码头工人等。1876 年，出版诗集《穷途潦倒之歌》（*Chanson des gueux*），因其中一些诗篇内容狂放，被法庭以“有伤风化”罪名判处拘禁一个月，并一举成名。1908 年当选法兰西学术院院士。

3 让-路易·弗兰（Jean-Louis Forain，1849—1926），法国画家。1872 年 1 月至 3 月，他曾与兰波一起住在魏尔伦租下的屋子里。“伽弗罗什”（Gavroche）指的是当时街头的流浪儿童。

魏尔伦（1866 年，卡尔加 摄）

成——他们早已暗通款曲——真正的私情。我不知道人们还能怎样否认这一点。证据俯拾即是，从魏尔伦的信笺——他欢喜地叙述了一些梦境，还记录下了“隐匿之情”——到最明确的线索，即魏尔伦的岳父母的愤慨，以及他妻子的介入。兰波不得不于3月回到阿登省，在那儿待到了5月。

显然，在1872年之春，兰波早已和魏尔伦同享了他口中的罪恶（vice），但我不认为两人的私情很快经历了《地狱一季》最著名的章节里所回忆的、让传记作者困惑不已的情感动荡。对巴黎最后几月的兰波而言，同性之爱不过是“理智的扰乱”的一个成分。借用兰波的话来说，它不过带着罪恶的特质，是对所有阴暗面的探索的认同——关于事物的晦暗，关于人的物性，关于带着怀疑与讥讽拒斥爱的纯朴与坦率。对沮丧、叛逆的兰波而言，问题并不在于让一种性向与另一种性向对立，而是让罪恶（无论什么样的罪恶）与所有形式的爱相对立。还有他对所有愉悦方式的冷漠——有时还有恶心。他的同性情欲因流亡而诞生，长久以来，它仍然仅是诸多的生活模式之一——这正是为何，在他始终真诚的作品里，同性之爱既深沉，又难以捉摸。若作为一种幸福，它会强迫兰波接受它的观念与选择；但作为一种反叛，它只把他引向对普遍性的思考。在这扰乱感官的几个月中，我将它与兰波击节赞叹的苦刑犯的“神圣”相比较。甚至淫秽的组诗《Les Stupra》[1]也带着纯洁悲戚的语调——尽管情感的恐怖笼罩全篇。

此外，为何不接受兰波自己的说法呢？他的同性恋情无疑是真的；他想必也没有把这看作道德缺陷，但他确曾不无苦恼地将同性之爱描绘成异性之爱的灾祸。对这另一种爱，他一直保有欲望，也有过一些经历。它是《回忆》里“停泊的小舟”旁，与母性的“黄花”相对的“蓝花”。它是《仁爱修女》中“偶尔陷入爱情”的女性。“一天夜里，”他在很久之后写道，“我把‘美’抱来坐在我的膝上——我发现她苦涩惨淡［……］。”他被迫意识到了某种神秘的禁止。[2]因为“奇特与忧伤的错误”，他被抛弃了。在《坏血统》中，他还会谈到“自从进入理性之年，就把它痛苦的根须延伸生长在我的胸膈之间”的“罪恶”，它“在上升，在鞭挞着我，它把我打翻在地，把我拖来拖去”。在他眼里，同性爱依旧是一种否定的情欲、一种剥夺、一种溃败。

然而，在这什么也无法可能的视域中，在存在的终结状态中，另一种情感将渐渐成形。

一首无题的诗作，已经用某种方式，表达出了这另一种情感。此诗写于巴黎，其中奇异的辩证法、对缠绕着幻梦的意识的描述，都值得我们最高度的关注：

1 “stupra”为拉丁语，意思是“猥亵”。

2 参见《地狱一季》中的《坏血统》：“但是，狂欢纵欲，与女人交好，对我是禁止的。”

对我们来说，这些是什么，我的心：沾满鲜血
与煤炭的台布，一千起凶杀，愤怒
长久的嘶吼，整间地狱的呜咽，一切秩序
被摧毁；朔风依旧在残骸之上；

全部的复仇？什么也没有！……——但我们仍然
要全部的复仇！工业、王族、参议院：
死去吧！力量、正义、历史：打倒它们！
这是我们的责任。鲜血！鲜血！金色的火焰！

将一切投入战争、复仇和恐惧，
我的精神！让我们在噬咬中转身：啊！过去吧，
这世界的共和国！君王、
政权、殖民者、人民，够了！

除了我们和我们幻想是兄弟的人，
谁还在转动怒火的旋风？
轮到我们了，传奇的朋友：这会带来喜悦。
我们永不劳作，噢，火的怒涛！

欧洲、亚洲、美洲，消失吧。
我们复仇的步伐占据一切，
城市与乡村！——我们将粉身碎骨！
火山喷发！海浪澎湃……

噢！我的朋友们！——我的心，确实，他们是兄弟：

黑色的陌生人啊，我们前进！前进！前进！
噢，厄运！我在战栗，古老的土地，
在我之上，愈来愈多的你们！土地在融化。

这首诗的初衷，它明确或——换种更好的说法——自觉的理念是：对兰波而言，革命、秩序的颠覆已不再重要；然而，他依旧不断地呼唤它们，乃至将它们视为责任。欲望的对象业已失去存在的意义，那为何还要保留这样的欲望？因为破坏的事业可以借着新的兄弟情谊聚拢反叛者？是的，但在诗歌的隐约进程中，这个理念已经被超越。在短促的诗节中，兰波带着几近欢欣的狂热，把未来交给了不断滋蔓的洗掠破坏，交给了愈发本质的火焰。火焰从人世万物延烧到宇宙万物，在毁灭者本身也遭到毁灭时，方融入原始、漠然的夜晚。这种未来显然不可能成真，只有在幻想赝造出的自由里，它才能被构想，并与这场幻梦相互撕扯。诗的结尾只能让我们想起梦的高潮。在唯一留存的手稿上，在最后几行诗之后，我们毫不讶异地读到：“这什么都不是；我在这里；始终在这里。”仿佛兰波带着并未解决的问题惊醒而起。

真相是，兰波试图用梦的方式解决一个矛盾。他或许充满疑惑，但一定痛苦地感受到了这个矛盾。那些并肩战斗的“兄弟”，他说他至少可以“幻想”出他们的模样；然而他也称呼他们为“传奇的朋友”和“黑色的陌生人”，

魏尔伦和兰波

这似乎让人怀疑兄弟情谊（fraternité）的真实性。他无法忽视这一点：革命结束后，抗争时期的团结难以抵抗共同生存的难题。因此，他所设想的未来只能是从不间断的内战，而政治集团则会变成“黑色”、绝对的教派。“噢！我的朋友们！——我的心，确实，他们是兄弟”。总之，这幻想中的解决方案清楚地表明，兄弟情谊是兰波最大的欲念。

或者说，在奉献给“异象”的日子里，兰波任凭另一种性质的情感不断滋长、成熟：对共通（communion）[1]、对兄弟情谊的需求[2]；他希望，兄弟情谊可以弥补存在的缺失，这种存在是这个时代的衰退和没落。这种共通不由“火焰”构成，因为火焰无法交流；它由对人类苦难的怜悯构成，每个人都能体认、都能分享。这无疑是“基督”的情感，只不过，它被唤起去抗争的，是以基督教为源头的厄运。它也本应有助于自信的增长，而自信是获取别种形式的爱的必备条件。然而，共通本身也需要被重新创造。兰波在巴黎体会到了文人情谊的肤浅。他知道人们说什么都白费气力，最后都落得孑然一人。他注意到，当异象的迷狂失效后，当从未如此一无所有的他回到他期冀的“朋友”中间，他不该期盼他们能献出真正的“仁爱”之情。

就像他曾希望旁人眷恋他一样，兰波眷恋起了旁人，

1 communion 也有宗教含义。

2 参见《地狱一季》中的《坏血统》：“世界是好的。我要祝福生命。我要爱我的兄弟。这不再是童年的许诺，也不再是希望逃避衰老和死亡。”

他难道不能让这份情感长存？一种充满缺场与溃败的联系将他与魏尔伦结合在一起，他难道没有机会真正地理解一个存在？在爱里，他难道不能解放自己？当一个人没法接受爱的时候，能够给予爱已经足够了。我相信，兰波在《疯狂的童贞女》里所记录的一个时刻想出了这一计划：他要委身于一位着实不幸的、流浪的、奴隶般的、不堪忍受自身“残废”的存在——如果我们借用《流浪者》中的话[1]——他要用信赖的奇迹唤醒他。总之，他要着手拯救他。很久以后他将在同一首诗中写道：“我满怀诚心，尽力使他恢复到太阳之子的原初状态。”

“可怜的兄弟！”[2]攫取兰波的，并非激情，而是责任与任务的念头。从这个角度去看，他想认清的，一直以来都是且只是他自己。他要完成一项任务：与从前一样，将缺乏化为财富，并接受未曾间断的厄运的考验。因为所有人都无法逃离基督教，所以，他要在它之中存活，要献身于它教导的仁爱，以此缓和身处的地狱。因为女性不愿也不能成为“仁爱修女”，所以，他要自己成为“长姐”（sœur aînée）[3]，施予或接受抚慰与爱情。因为巴黎只剩败兴与谎言，所以，离去成了恢复安宁的方式，他变回了“旧时的

1 参见《彩图集》中的《流浪者》：“我玩弄他的残废。由于我的过错，我们将再度漂泊，过着奴隶的生活。”

2 出自《彩图集》中的《流浪者》。

3《地狱一季》里的原话是“受爱戴的姐妹”（sœur aimée），我认为这是一个印刷错误，我们必须这样读：“他那年轻母亲和长姐似的作风”。参见魏尔伦《土星诗集》（*Poèmes saturniens*）中的《愿望》（Vœu）：“没有长姐的可怜孤儿”。——原注

旅人”，用“岩洞的醇酒与行路的饼干”[1]充饥，只陶醉于艰辛的生活。无论如何，对这位度过数月“梦游者”生活的人而言，他必须行动，必须再度靠近遗失的本源。“他只想过梦游者那样的生活，”在兰波的迷途中，这个警醒的意识说道，“难道只有他的善良和仁爱赋予他生存在现实世界的权利？”[2]

II

然而，这次的旅行也无法回应他的期望。

这场新的实践里，有太多注定的命数。他们戒不掉异象中的“幸福”，至少戒不掉迷醉的状态，在比利时与伦敦的“梦游者”实践将两位旅人封闭进了与在巴黎时一样飘忽不定的生活。或许同样是在伦敦，除了先前的印度大麻与苦艾酒，他们又迷上了鸦片。兰波与魏尔伦很可能经常光顾港口的中国小酒馆。此外，对无序的头脑而言，伦敦是个绝佳的城市。它往所有完备的计划里引入它的广袤，以及由商业与航海开启的第二天际。兰波在那里学会了爱上再度出发的念头。

不过，他们失败的真正原因在于计划本身。我们只需要读一读《地狱一季》。《疯狂的童贞女》这一章里，说

1 参见《彩图集》中的《流浪者》。

2 出自《地狱一季》中的《谵妄 I：疯狂的童贞女》。

兰波（1876 年，魏尔伦 绘）

话的正是魏尔伦，他解释了这些原因：

下地狱的丈夫

请听地狱中一个同伴的告解：

“噢，上界的丈夫，我的主，不要拒绝你最悲惨的女仆告解。我是毁了。我醉得昏天黑地。我是不洁的。怎样的生活啊！

“主在上，请宽恕，请宽恕！啊！请宽恕！流了多少眼泪！今后眼泪还要流，我希望流不到头！

“以后，我会认识上界的丈夫！我生来注定屈从于‘他’。——别人现在尽可把我狠打！

“当前，我是在人世的最底层！我的那些女伴啊！……不，不，不是我女伴……从来不曾有这般谵妄、这般酷刑……这是多么愚蠢！

“啊！苦啊，我哭，我叫。我痛苦至极。反正拿我怎样都行，反正最可鄙的心都要蔑视我这人。

“让我们把真心话说出来，即使重复二十遍也不怕，——反正是一样，反正都是又悲又惨又琐碎！

“我是那个下地狱的丈夫的奴隶，他就是那个失去了几个疯狂的童贞女的男人。就是那个魔鬼。不是鬼，不是鬼魂。是我，是我不慎失德，死在人世，罚下地狱，——人们无法杀死我！——怎么给你细说！甚至说也说不清。我服丧，我哭了又哭，我害怕。主啊，要是愿意，赏我一点新鲜空气，垂顾于我！

> “我是寡妇……——我早就成了寡妇……——不错，我从前很严肃、很规矩，我出生不是为了成为髑髅白骨！……——他那个时候几乎是一个孩子……他种种神秘的温柔体贴诱惑我。顺从他，我就把我为人的责任忘在了脑后。这是什么生活啊！真正的生活缺席。我们没有真正活在人世。他去哪里，我就跟去，理当如此。他常常对我发怒生气，我啊，可怜的灵魂。魔鬼！——是一个魔鬼，你知道，那不是一个人。
>
> [……]

我们看到，疯狂的童贞女——她在全篇皆是如此——确信自己无法理解那折磨她的奇特存在[1]，也不想作什么解释。兰波的困惑不解是他体认自身命运之谜的一种方式。他给自己安排的证人将用无比尖酸的口气描绘最初的仁爱企图如何变了质。兰波曾试图接受事物与存在原初的模样，但这并不简单。“唉，唉！有些日子里，所有活动着的人在他看来无不是荒谬、谵妄的玩物；他往往长时间地笑，笑得可怕极了。”[2]人类的处境如此荒谬，以至于兰波只能通过改变它才能好好承受。他的爱也因此变成一种苛求：“他常常对我发怒生气，我啊，可怜的灵魂。魔鬼！[……]他攻击我，他把人世间涉及我的都拿来狠狠地折磨我，叫

1 大部分评论家一致认定诗中“疯狂的童贞女”指的是魏尔伦，“下地狱的丈夫”则是兰波自己。
2 出自《地狱一季》中的《谵妄 I：疯狂的童贞女》。

我羞愧难当，一骂就是几个小时，我若是哭，他更是怒气冲冲，不可遏止。”[1]他曾经越想要去拯救，他如今就越发去折磨。他越爱，就越将自己与所爱之人同化，就越痛恨他身上的弱点。就像前不久对异象的追求，这残忍的苛求不过是他长久拒绝世界的一种隐蔽形式，疯狂的童贞女对此理解颇深：“有多少个不眠之夜，我守在他那可爱的酣睡的身体旁边，我总是想弄明白为什么他要这样逃避现实。从来没有人有过这样的意愿。”[2]

仁爱，这重新走上和解、融洽之路的尝试，很快变回了先前与现实对抗的、路西法式的反叛。多么意想之外的变化啊！原本为了模仿仁爱的上帝、模仿堕落之魂身旁的神性伴侣，兰波却变成了“下地狱的丈夫”。原本为了拯救他，兰波却把他扔进了绝望之中。原本为了解放他，兰波却让他变得更像是奴隶。原本为了让一个人回复到“太阳之子的原初状态”，他却最终在盲目的气恼中，阴沉地颂扬堕落与死亡。地狱的伴侣说道：“我听他直把无耻当作光荣，将残忍当作妍美。‘我来自远方的种族：我的祖先在斯堪的纳维亚的半岛：他们在胸胁两旁穿洞，吮吸自己的血——我要把我浑身穿满孔，我给我刺满一身花纹，我宁愿变得难看可厌，像是一个蒙古人：你看吧，我要跑到街上尖声号叫。我要变得疯疯癫癫。不要拿出什么珍珠

1 出自《地狱一季》中的《谵妄 I：疯狂的童贞女》。
2 同上。

宝石叫我看，我愿意趴在地毯上，扭成九曲三节。我的财富珍宝，我一定拿血将其染得鲜红。我绝不去劳动……’”[1]堕落的仁爱的最后一跃，即是这紊乱与晕眩。“可怜的灵魂”不堪这无分寸的情感的重负，它同时一并坦承了自己的着迷与悲哀的困惑：“可叹啊！我曾经依附于他。有我这样阴惨惨、懦弱无能的人在，他又将怎样？如果说他没有把我弄死，他可是也不曾把我的处境改善！我是又恼又恨，很是凄凉，有时我对他说：‘我可知道你了。’他只是耸耸肩，置之不理。”[2]

“他的仁爱可真有魔力……”[3]确实如此，况且我们也看到了兰波在英国的言行遵循着怎样的模式：这模式既深情又痛苦。让我们再听听“疯狂的童贞女”怎么说：“有的时候，他用讲隐语那种软绵绵的语调，讲那叫人悔恨、叫人痛苦的死亡，确有不幸者那样的人，确有艰苦的劳作，还有那撕裂人心的诀别。我们在下流小酒店喝得醉醺醺，他看我们周围的人，如同看不幸的牲畜，不禁为之痛哭流涕。”[4]我们已经在《七岁的诗人》里遇到过另一位凶恶的母亲。在另一首关乎记忆的诗[5]中，我们也隐约瞧见了他幸

1 出自《地狱一季》中的《谵妄 I：疯狂的童贞女》。
2 同上。
3 同上。
4 同上。
5 指《彩图集》中的《青春》。

福的童年——体验到“悲悯”[1]之情的童年——我已引用过这首诗，也会在之后引用它，它对兰波的命运作了非常清晰的阐释：“体质正常的人，肉体不正是园中累累下垂的果实，噢，孩童的白昼！肉体，可供肆意挥霍的财宝；噢，爱，是普赛克的危难，还是力量？”只要孩子还小，母亲便满怀柔情，他被赐予整个世界；只要他还不是“小大人”，只要他的意识和目光还未形成，这位女性便可献身于他，且不会为神经紧张所苦。兰波自己也能够全身心地爱上凄苦之人与酗酒之徒，他们没有目光，也不会妨碍他在他们面前做兰波自己。然而，面对理解他、评断他的智慧存在，面对他们的眼睛，兰波唯恐他们吸收了他负面的自我评价，于是他又变成了严苛的维塔莉·居伊夫那不安的灵魂，为道德站队，显出令人厌烦的怯弱。他不是也成了教育者吗？“那叫人悔恨、叫人痛苦的死亡，确有不幸者那样的人，确有艰苦的劳作，还有那撕裂人心的诀别。”不用怀疑，这些都是“夫人”的主旋律，也是母亲在儿子体内复苏的最初线索。

III

“他那魔鬼把我缠了好几夜，我们在地上打滚，我和

1 参见《七岁的诗人》：“悲悯！只有这些孩子是他的家人。”《地狱一季》中的《谵妄 II：言语炼金术》：“有时，我忘记我所深深陷入的悲悯心境［……］。”

他撕扯扭打！——夜里，他常常喝得烂醉，站在街上，或是在屋里，可把我吓得要死。‘有人真想把我的脖子割断，真叫人恶心。’噢！处在这样的日子里，他总想身上带着犯罪的神气走出家门！”[1]暴力、争吵、厌烦，还有金钱上的困难与肉体的厌倦，渐渐异化了最初阳光的理念。

1872年末，为了平息诽谤的流言、阻止玛蒂尔德·莫德（Mathilde Mauté）[2]找到新的离婚理由，他们初次分离。兰波在圣诞节回到了夏尔维勒。“可怖的空虚”，魏尔伦对他的朋友勒派雷蒂耶[3]写道。随后，他染上了流感，以为必死无疑，遂又呼唤兰波。兰波赶来他身边，在这样的时刻，他也能忠心奉献。

4月，他们再度别离，当时的情形并不明了。兰波无力重归共同的生活，他在《地狱之夜》中表达了恼恨，由此推测，我相信，纵使他们没有真正的不和，这次分离也有着决裂的意味。可以想见，随着春天的流逝，兰波的不安不断加剧。罪行的蛊惑与残章《使徒约翰》（Johannique）[4]所表达的基督教执念似乎分裂着他的思想。因此，他已意识到，能拯救他的，或许是一场在孤独中进行的极致思索。

无论如何，我们知道他直接到了罗什——他母亲居住

1 出自《地狱一季》中的《谵妄 I：疯狂的童贞女》。
2 魏尔伦的妻子。
3 埃德蒙·勒派雷蒂耶（Edmond Lepelletier，1846—1913），法国诗人、记者、政治家，魏尔伦的好友。
4 这篇残章写于《地狱之夜》部分手稿的反面，也被称作“福音散文”（Proses évangéliques）。

的农场——如果我们相信伊莎贝尔所说，他就是在极度的疲劳与失眠中，在漫漫长夜因恐怖而发出的呻吟中开始思索的。4月和5月的日日夜夜，他写着《异教徒之书》(Livre païen)或《黑人之书》(Livre nègre)[1]。在致德拉艾的一封信里，他写道："我的命运会被这本书左右。十二个故事中的一半还有待发明[……]。"[2]或许，他已经完成了《地狱一季》九篇故事里最长的几篇：《坏血统》与《言语炼金术》，这是肯定的；可能还有《疯狂的童贞女》。这些被他与魏尔伦的回忆浸透的篇章没有对结局作出任何暗示，命运那不可捉摸的逻辑藏起了故事的结尾。

不过，魏尔伦并非偶然地旅行到了阿登省的边境；他再度与兰波相聚。5月27日，两人再次前往伦敦。

发生了什么？兰波这么做，是出于单纯的软弱、因为害怕没法完成这本书而气馁，还是因为他感到自己拿不出任何东西来替代魏尔伦的爱？

从他已开始的思考、已获取的经验的角度来看，这次出走只是又一次坠落，无法达成任何结果。往后的几个月是二人共度的生活中最暴烈的时期，充满了最强劲的嘲讽与愤怒。兰波无法原谅背叛了计划的自己。他写出了《地狱之夜》，讲述受自己命运支配和奴役的人类的厄运："皈依良善和幸福，得救之路，我已经隐约看到。即便我能说

1 指《地狱一季》中的篇章，参见1873年5月兰波写给德拉艾的信。
2 出自1873年5月兰波写给德拉艾的信。

1872 年，魏尔伦和兰波在伦敦（菲利克斯 · 雷加美［Félix Régamey］绘）

出看到的景象，地狱也容不得赞美诗！这是些难以数计的、美好动人的创造物，一支芬馥灵智的乐曲，力量与和平，高尚的壮志雄心，我知道什么？

“高尚的雄心！

“依旧是生活！——难道罚入地狱是永生永世！一个人甘愿自毁，那他就该下地狱，不是吗？［……］。”在草稿上，我们还读到：“啊！高尚的雄心！我的恨。我重新开始愤怒的生存。血光中的愤怒、野兽的生命［……］。”这是这段时日里最阴暗的兰波。倍感绝望的他向魏尔伦挑起一场接一场的争吵，以至于，对诸多不公感到厌烦的魏尔伦，在最后一次争执后，猝然离开居所，再度坐上去往比利时的渡轮。

IV

什么都没法比兰波寄给他远去的伙伴的两封信更感人。

之所以感人，是因为我们能从中看到一丝幸福的可能，而这机会很快便消逝了，或许永久地消逝了。当兰波意识到魏尔伦离开了他——他徒劳地跑去港口，向魏尔伦打着手势——他感到这次离去说明魏尔伦深深为他所苦，他相信自己被爱着，他不曾像当时那般，几乎放弃了疑心、自私和骄傲。以下是第一封信：

伦敦，周五下午

回来，回来，亲爱的朋友，我唯一的朋友，快回来吧。我发誓会对你好的。如果我从前对你发怒，那纯粹是玩笑，我曾迷恋这种玩笑，现在我的后悔已无法用语言形容。回来，忘掉这一切。如果你相信了这玩笑，那将是多么不幸。两天来我哭个不停。回来。勇敢些，亲爱的朋友。什么都没失去。你只需要重新踏上旅途。我们将勇敢而耐心地在此开始新的生活。啊，我恳求你。这也是为了你好。回来，你将重新拥有你的一切。我希望你现在清楚地知道，我们的争论不是真的。那可怕的时刻！可你啊，当我向你做出下船的手势时，为什么不回来？到那时为止，我们已一起生活了两年！你要做什么？如果你不愿回到这里，你希望我去你在的地方找你吗？

对，是我错了。

噢！说，你没忘记我[1]？

不，你不会忘记我。

而我，我永远拥有你。

说呀，回答你的朋友，我们是不是再也不能够一起生活了？

勇敢些。快回答我。

我不能在此久留。

1 在这里，我想到了亨利·吉耶曼（Henry Guillemin）所作的分析，参见《兰波的学识》（Connaissance de Rimbaud），《法国信使》（*Mercure de France*），第1094期（1954年10月），第244页。——原注

只听你的善心吧。

快，告诉我我是否应该来找你。

我一生属于你。

兰波

快，回答我，我在这里最迟不能超过周一晚上。一个便士也没了，我无法寄出这封信。我把你的书与手稿交给了维尔梅什[1]。

如果我不能再见到你了，我就去加入海军或陆军。

噢，回来吧，我又在哭泣，每时每刻。叫我去找你吧，我这就出发。告诉我，给我发电报——我星期一晚上必须离开，你去哪儿？要做什么？

然而魏尔伦“在海上”回信，说他以自杀威胁他的夫人，试图与她再度和解。兰波理智地回了信，仿佛他已永远熄灭了。

亲爱的朋友，

我已收到了你“**在海上**”的那封信。这次，你错了，完全错了。首先，你信中所写的一切都不切实际：三个月，三年，你的妻子不回来，还是回来，我怎么知道？至于毁灭，我是了解你的。在等待妻子、等待死亡的过程中，你讲东奔西突、四处飘零、令人厌倦。什么，你啊，你还没意识到这种愤怒对于双方来说都

1 欧仁 · 维尔梅什（Eugène Vermersch，1845—1878），作家，社会主义者，曾参加巴黎公社，魏尔伦的朋友。

是虚假的吗？最后犯错的是你，因为在我提醒你之后，你依然坚持虚假的感情。你以为[1]跟别人在一起会比跟我在一起更幸福吗？想想吧！——啊！绝对不可能！

他确认了：魏尔伦仅剩消极和软弱，需要旁人的爱，却无法给予爱。同样，出于懒惰，兰波不愿做出此刻所需要的改变，正是他自身的软弱，让他恳求魏尔伦回来，并随后前往布鲁塞尔与他会合。

我不会再重复比利时的“狗血剧”，不会再讲喝醉了的魏尔伦怎样朝宣布要离开他的兰波开了两枪。这不过是命运为他们已结束的探索划下休止符罢了。

兰波的手腕受了轻伤，他去往布鲁塞尔的医院治疗，魏尔伦被投入监狱，原则上要待满两年。是啊，这是仁爱之行的结局与惨败，两歧的感情无法化为爱。更严重的是，兰波的童年几近终结，因为他已有了过去与回忆，他的自我意识将携带这些痕迹，它们把孩童的潜在性变成了所谓的“人生”。今后，他该仅仅服从战胜他的命运吗？或者，他还有掌控命运的希望，能在最后一刻恢复、完成他在罗什的清醒时光里所开始的检视，完成这激进的、最终的、已为他制定出准则的小书？

他——大概靠徒步——离开了布鲁塞尔，在 7 月底回

1 参见《兰波的学识》，《法国信使》，第 1094 期（1954 年 10 月），第 244 页。——原注

到了母亲的住处。若我们相信他在书的最后一页写下的日期，那么几周后，他便完成了《地狱一季》。

地狱一季

I

《地狱一季》是对阿蒂尔·兰波所有形而上探索的检视，在惶然不安中开始，在执着与严谨中完成；它也是为解答一个难题而做的一次尝试，这一回，他试图一劳永逸地找到改变生活的答案。

这一难题自此引发了三次失败。《坏血统》引出它们、直面它们，再由接下来的章节逐一描述：《谵妄 II》，副标题为“言语炼金术”，讲述了追求“伦理道德尽皆免除”之“通灵人”的失败；在《谵妄 I》中，“疯狂的童贞女”述说了追求仁爱的失败——或是发明一种激情之道德的失败；最后是精神求真的失败，兰波因自身的软弱，始终沉溺于他已不再相信的、追逐异象的感官扰乱，且在明白他与魏尔伦的关系只会遭受万劫不复之后，依旧执迷不悟。这最后一项失败或许最令他愤恨，也成了《地狱一季》最迫切想要陈述的内容。它在《地狱之夜》中得到了阐释。

接着，我必须提醒各位，兰波仅是为了他自己才创作出《地狱一季》的，这也是我们现在开始的讨论中非常关键的一点。他告诉德拉艾：“我的命运会被这本书左右。”他必须找回自己、重拾自我，为将来的日子，向自我意志提交一份契约。在如此严苛的限制中写作的人，并不会忧心有无读者。关于这一点的证明遍布全书：那么多剧烈的省略，那么多纯属个人的影射；另外，身无分文的兰波把诗稿托付给了一位印刷商。他明白，如果他不为这本诗集的出版付款，他只能收到五六份样本，但这也足以使他构想的契约获得客观价值，在他的周围独立地存续。

况且，创作诗歌何曾是为了“传递”一种情感、认知或思想？诗人所思所虑的是创造、是证实，这些都是生活，而不是讲述——讲述只是结果。他的明晰之处与他的难解之处紧密相连。当他必须认清自我时，他述说；关于他所知道的，他缄口。正是这份不断寻觅的孤独使其伟大。他的真实透过其阴影中的生长而闪耀。若一首完成的诗对芸芸众生皆有价值，那是因为诗人除了在个人经验里充当一个人之外，别无他求。

《地狱一季》为我们揭示了这一诗歌创作的恒定法则。让这本普特出版社[1]的诗集成为象征吧，它没有商业考量，却成了所有人的财富。正因为兰波自囚于个人的焦虑之中，他才能够做到与众生交融。

说完这些，让我们回到诗集本身吧。正如我们太多次阐释，也太多次忘记的那样，这是一个晦涩的文本，而这种晦涩本身也承载着意义。它意味着众多思想齐头并进——

1 兰波把《地狱一季》交给了比利时出版人雅克·普特（Jacques Poot）出版。

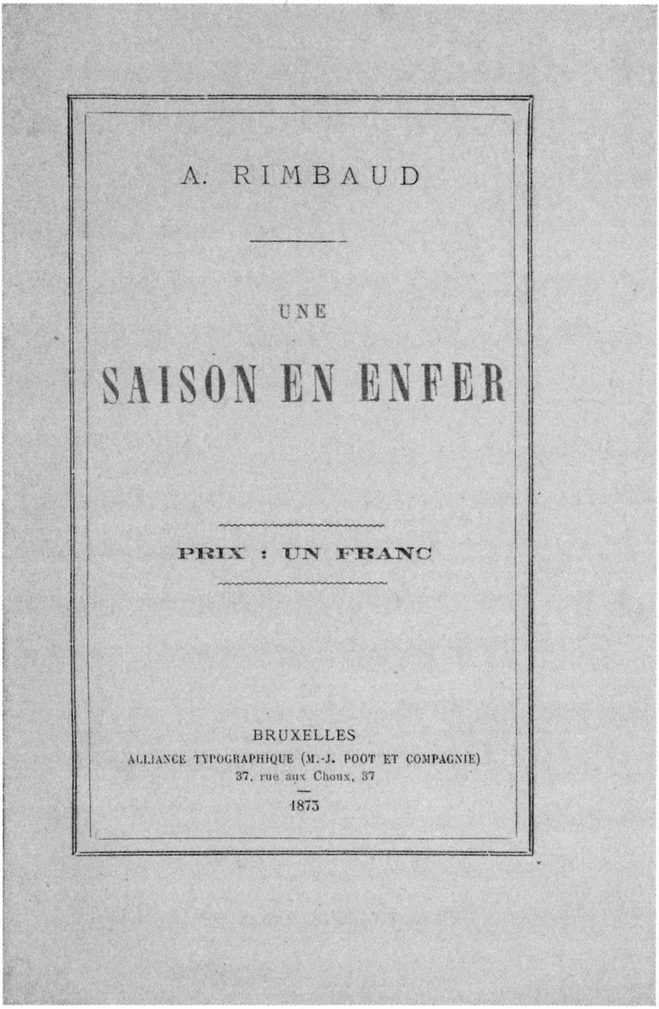
A. RIMBAUD
UNE
SAISON EN ENFER
PRIX : UN FRANC
BRUXELLES
ALLIANCE TYPOGRAPHIQUE (M.-J. POOT ET COMPAGNIE)
37, rue aux Choux, 37
1873

《地狱一季》初版封面

正如兰波的生活——没有任何一种思想能够凌驾于其余的思想、能够起到决定性的支配作用。例如，大量的省略（“啊，我的自我牺牲，啊，我的绝妙的仁爱之心！不过，是在这个世界上！”[1]）表明，其中相互冲突的直观，比起企图调和它们的任何一种辩证，都显得更为真实可信。《地狱一季》并非思想的阐释，而是思想与形成思想的人之间的针锋相对。它是每刻每秒的战争，在激情的狂暴中，它已与舞蹈产生的意乱情迷无异。

这样的矛盾究竟是什么？首先，既然兰波已体验过困阻与宿命——他称之为“食欲”、“恶习”[2]和地狱的处境——那么，这就是无休无止、难以忍受的人间情境和对救赎的渴望之间的冲突。他的书里理所当然地涌现出如此多的悲伤，但感人之处却在于，其中又有一种不愿诅咒生命的渴望，它一直被克制，却一直在重生。总而言之，这是气力与不幸之间的矛盾，是被遗弃的处境与从不干竭的希望之间的矛盾。如同之前在《太阳与肉身》中那样，兰波虽然从那以后逾越了感官的扰乱和所有的“折磨”，但他仍维护着关于“力与美”的念想。它们是一类生命的两种美德，这类生命懂得如何信任自身，懂得如何在自然界自由地自我耗费。

再说，若是他舍弃了希望，他又会成为什么呢？他已

1 出自《地狱一季》中的《坏血统》。

2 出自《地狱一季》中的序诗。

然明白——我之后将试着说明——矛盾是事实的归宿，他力求在内心和精神中为其寻得一个位置。因此，我们也得接受这些彼此对抗的运动，去欢喜这些狂乱思想吹起的风暴。是的，比起为了形而上范畴之需而分解出一些术语，我相信，我们更要重温《地狱一季》在生成之中的种种碰撞，它把一切都卷入循环，最终精疲力竭，没有胜利的可能。比起任何被陈述出来的理念，这才更接近兰波的真实。这些书页只有戋戋之数，却因为没有抹除人类的两歧性，从而成为几近神圣的作品之一。我会试着为其引入一种恒久的评论。

II

《地狱一季》以《坏血统》开篇，这也是本书最早完成的部分。兰波力图通过自己与他人的关系来定义自己。他所感受到的，是他本质上的与众不同，有时候，这番感受如此悲剧。他真的拥有绝对的特性吗？他从未有过同类吗？

首先，我们必须弄清楚，他想要完成的是怎样的自我总结。或许，当他把自己归于在社会及其历史进程中辩证发展的几类人中的一类时，他也曾期待去享受些许憩息。虽然他并未成功，但这种愿望和失败能够帮助阐释接下来的篇章，因为它们揭示了兰波作为一个独特个体的真切视角。

“如果我个人历史中也含有法兰西历史的某一点，该多好！”[1]兰波的第一个念头便是献给那些始终被历史摒除在外的人。他察觉到了——甚至是用我们的眼睛察觉到了——自己在历史时刻中的独一无二。他在精神面前呼唤着“低劣”种族，他们是那些无力进入历史传说的人，也是那些无法从盲从和本能里脱身而出的人。兰波写道：“高卢人是剥兽皮的人，是他们那个时代最荒谬、最低能的烧草放荒的人。”[2]他接着解释说：“在我看来，很明显，我向来属于低劣种族。我不可能理解什么是反抗。我所属的种族只知起而掠夺：就像狼面对还没有被它们咬死的牲畜。”[3]农民暴乱只能反映出精神和社会层面的无能。“贱民”们被带去了十字军中，却又被“基督教的启示”排除在外，同时被贵族和上帝遗弃了。贵族是明白如何成为一个人的人，也是那些虽然强取豪夺、罔顾公正，却懂得自由、救赎之概念和上帝之语的人。与此同时，低劣种族却行偶像崇拜、亵渎神圣、贪求上帝之事（“我贪婪地等待着上帝，”兰波写道，“我是永生永世归于低劣种族了。”[4]）——他们的悲剧也正来源于此——无法获取一种觉悟，这种觉悟赋予人类接触上帝时所需的内在形式。

我们看到，兰波是用救赎的观念来看待历史的。他已经提到了那个被希望——用宗教的手段——排斥在外的“种

1 出自《地狱一季》中的《坏血统》。
2 同上。
3 同上。
4 同上。

族”，上帝拒绝赐予这些“贱民”“高贵”和“自由”，而只有这两者才能产生救赎思想，才能让他们与命运抗争。兰波发现，贱民如今却试着通过同化存在与自然、通过使用科学来征用自然，以一种集体性的方式，最终主宰现实。“再没有流浪者，再没有暧昧不明的战争。低劣种族包揽了一切——人民，正如我们所说的，理性；国家和科学。”[1]他还写道：“我们要走向圣灵。”[2]在这种用科学来征用丰饶过剩的自然的理念中，有着米什莱[3]和基内[4]——而非黑格尔（Hegel）——的身影。兰波不会忘记，这一理念并不发轫于组织或工作（低劣种族是“懒惰的”），而是试图改变生命的、非理性的欲望。因其情感性的根源，未来的科学仍是一种宗教活动。如果说科学始终是一门异教，那只是因为，在未来的社群社会，贱民不曾明白，也永不会明白该如何成为的那类个体将再度缺席。

总之，兰波一定读过且十分欣赏米什莱的《女巫》[5]，受其影响，兰波认为，个体的宗教，即基督教，从未影响

1 出自《地狱一季》中的《坏血统》。

2 同上。

3 儒勒·米什莱（Jules Michelet，1798—1874），法国历史学家，曾在法兰西公学院教授历史，后因其反教权、反君主制的立场被拿破仑三世（Napoléon III）解职。其著作包括倾尽三十余年心力写作的《法国史》（*Histoire de France*）、《法国大革命史》（*Histoire de la Révolution française*）和《女巫》（*La Sorcière*）等。

4 埃德加·基内（Edgar Quinet，1803—1875），法国历史学家、文学家、政治家，米什莱的同事、好友，也曾在法兰西公学院任教，后因其支持共和政体的立场被迫流亡比利时数年，1870年才返回巴黎。著有《大革命》（*La Révolution*）和《现代希腊》（*La Grèce moderne*）等书。

5 见附录I。——原注

过阴暗的“高卢”种族。但我们不该以为兰波为此欣喜，或以为他因此可以期待在这些受圣人统治的贱民中找到他的眷属。我们随后将更清楚地看到兰波表现出的双重欲望：对身体和灵魂的欲望，对救赎和“在救赎中的自由”的欲望；他既热爱充斥及时行乐之幸福的本能生活，又向往深度探索人心的体验。他的两歧性——也是他的不幸之处——在于他既是前基督教之人，又能敏锐地、贪婪地理解个体该如何在基督教之外实现个体的圆满。如今他必须离开这低劣种族，它限制他、异化他——“我完全理解，但既然不用异教言语说话就不能明白地解释自己，我宁可沉默”[1]——却无法分享他的欲望，使他无法认清自己。这才是他的宿命。

然而，在我们时代的门槛前，他发现——且不断谈到——“新贵族”[2]、用科学实现的精神成就、异教血统的集体救赎都无法取代对自由的学习，这是基督教倡导、开创、最后背叛了的自由。他明白自己仍是——或许是仅剩的几个之一——被赐予了真正宗教体验的人。因此，他讶异自己被上帝抛弃便是情理之中了：“异教的血又回来了！圣灵近在咫尺，为什么基督不来扶助我，给我的灵魂以高贵和自由？可惜啊，福音已经一去不返！福音！福音。”[3]

此处，也有着对历史的思考。这就是尼采所说的“上

1 出自《地狱一季》中的《坏血统》。
2 同上。
3 同上。

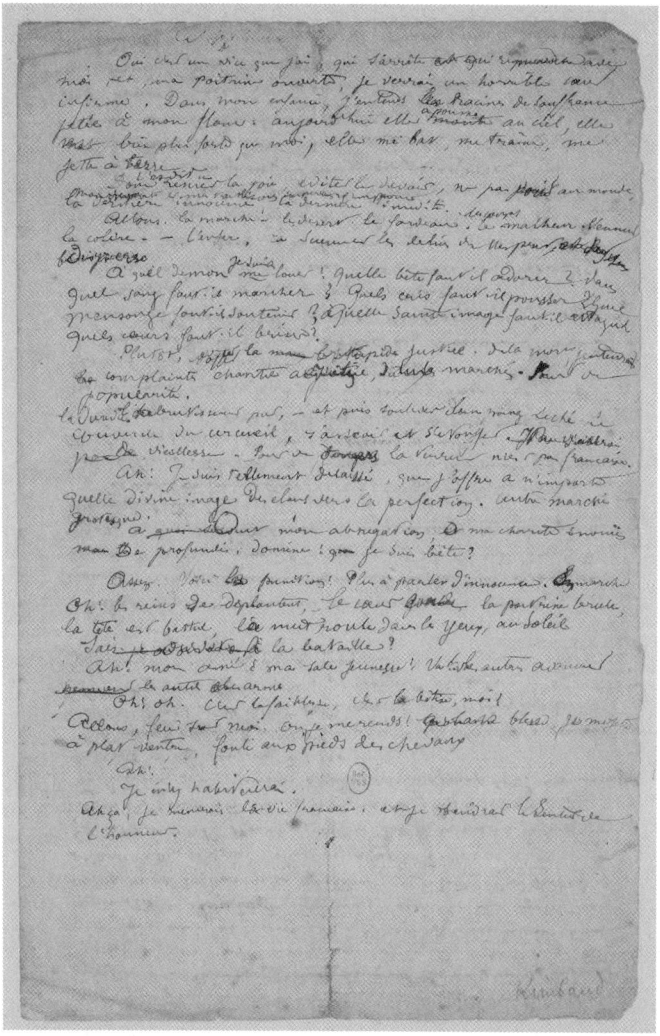

《地狱一季》手稿（1）

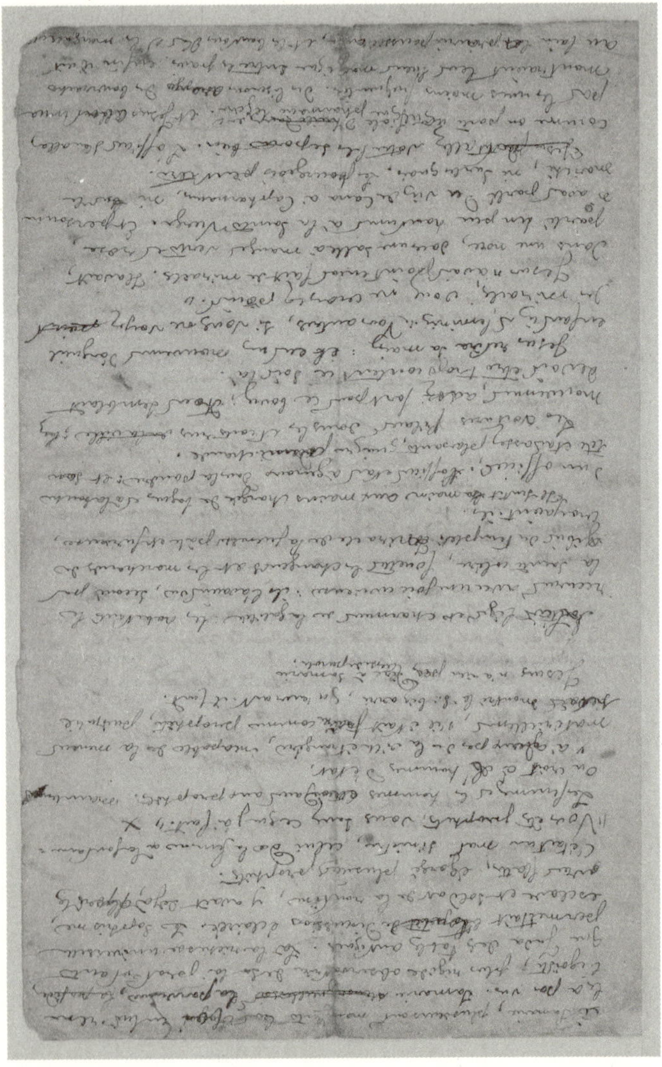

《地狱一季》手稿（1）背面：《福音散文》（1）

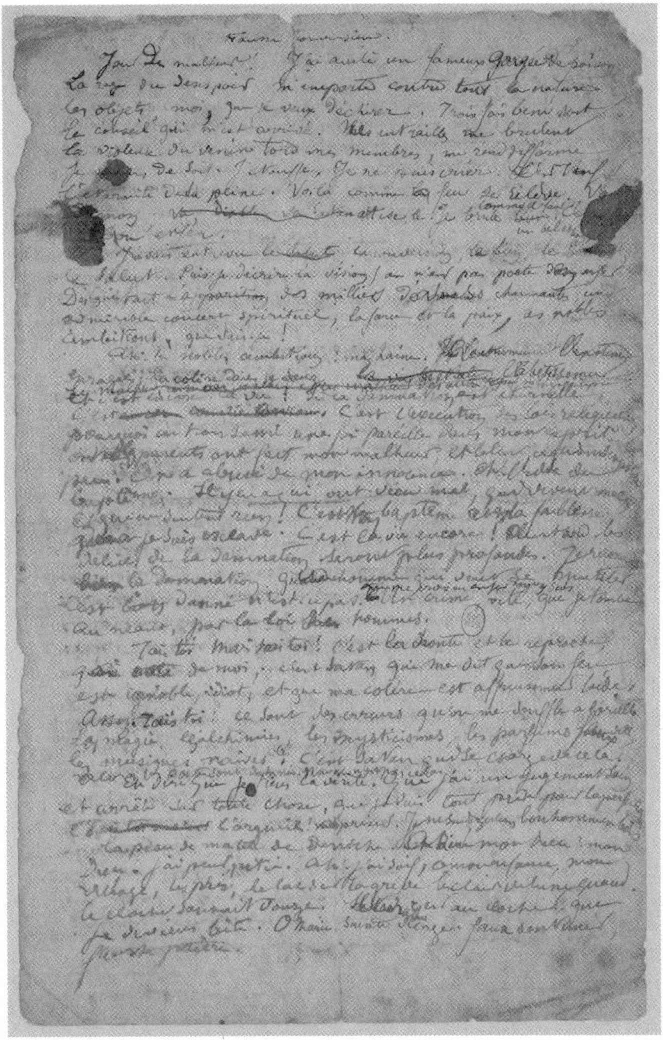

《地狱一季》手稿（2）

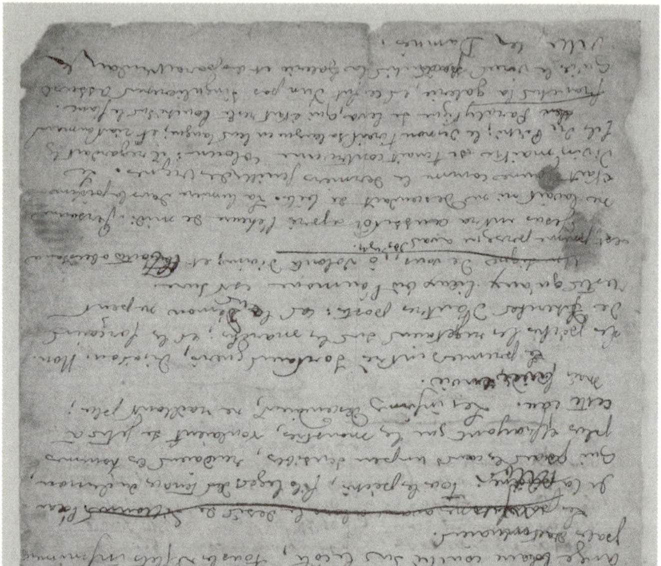

《地狱一季》手稿（2）背面：《福音散文》（2）

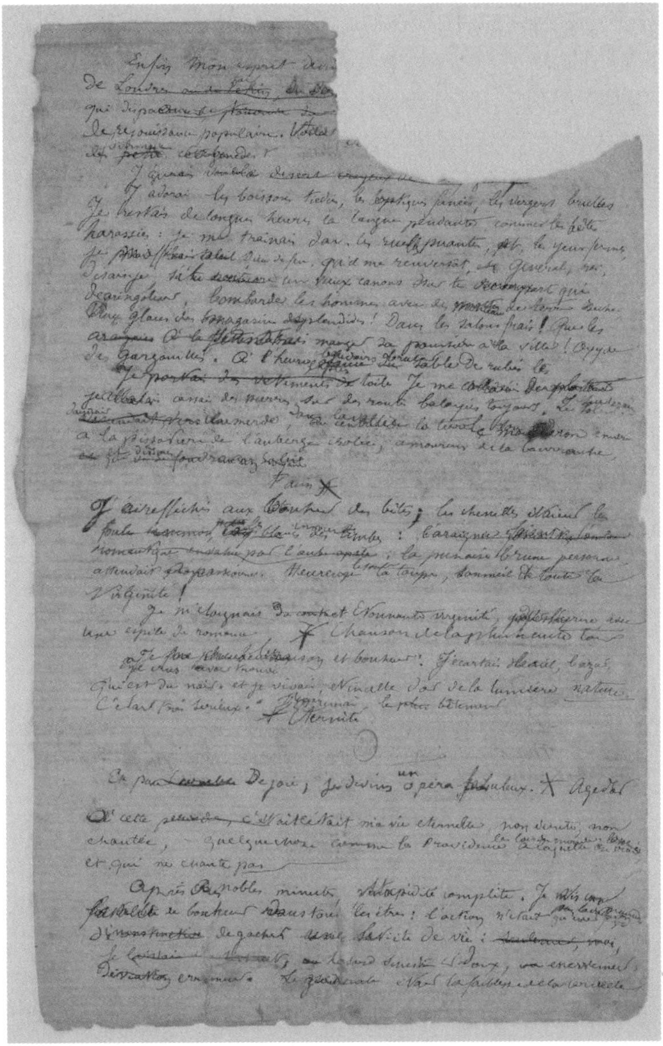

《地狱一季》手稿（3）

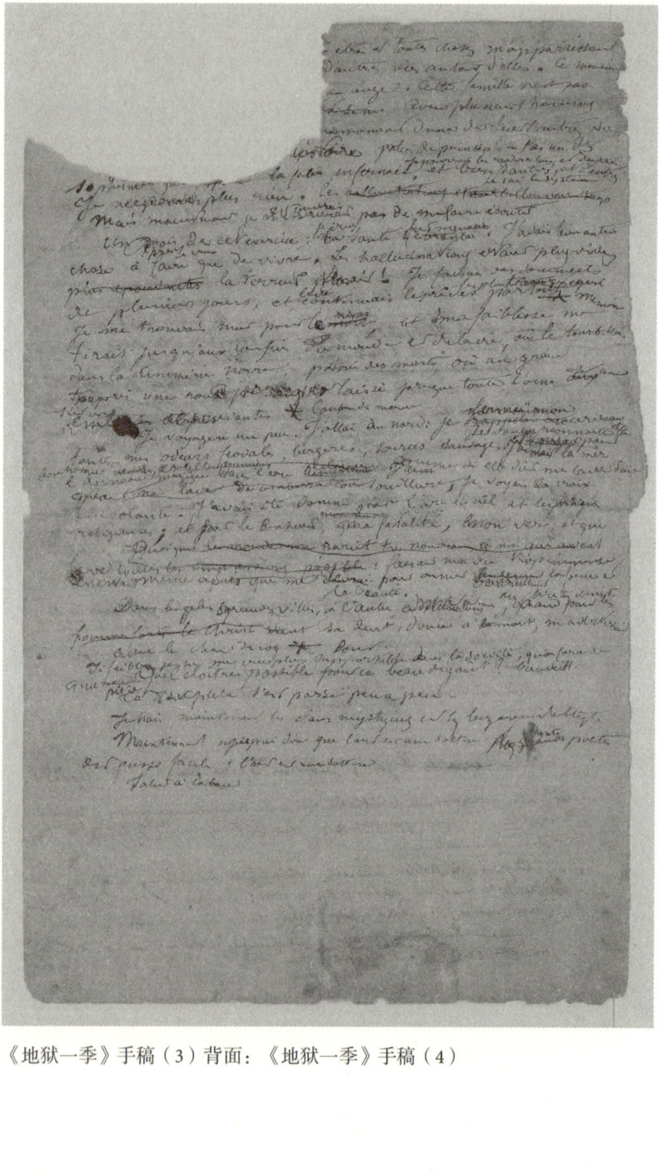

《地狱一季》手稿（3）背面：《地狱一季》手稿（4）

帝已死！”吗？但对兰波，或许也对尼采而言，上帝的存在是次要的，甚至是无意义的。他们二人囿于这样的观察之中：再没有什么拯救，纵然人们保持过一种对宗教个体性与救赎意识的渴望，却从未有神灵会帮助人类迈出最后的一步。无论上帝存在与否，他都再也不会同我们交流了。上帝创造了兰波，却没有完成他。现代意识与兰波一起，重新品味这自身被遗弃的诺斯替体验。1871年，兰波在夏尔维勒的墙上写下“滚他妈的上帝”。显然，这不仅是对宗教的反叛，更是他企图唤醒远方“隐退的上帝”（Deus odiosus）[1]的尝试。

“福音已经一去不返！”兰波此刻明白了，答案再不会显现。在这静默与匿名的未来的“圣灵”之间，他能依靠的只有自己的本领。他随即开始了自身的试炼，筹划起真正“现代的”行动，即试图在上帝缺席时建立一种“神性”生活。

III

我们是否必须及时抽身？因为个人救赎已无路可寻，所以我们是否必须向永世低劣的种族——确实如此——那最无名的“食欲”妥协？这是兰波的第一个念头。

1 在神学中，这指的是一位创造者的神，他在很大程度上已经退出世界，不再参与日常运作。类似的概念是托马斯·阿奎那（Thomas Aquinas）等人提出的“隐蔽的上帝”（Dieu caché）。

> 我现在在阿尔摩力克[1]海岸。让都城在暗夜里放出光华吧。我的一天已告完成；我要离开欧洲。海风会熏炙我的肺腑；遥远海外的气候将把我晒成一身棕黑皮肉。游泳，咀嚼野草，狩猎，尤其是吸烟；饮用烈酒，酒之酷烈如同熔化了的金属——就像我可爱的祖先围着篝火时那样。
>
> 我还会回来，肢体如同生铁铸就，皮色黝黑，眼睛如狂如怒：人们从我的面具将能断定我是出自一个强悍的种族。我将拥有黄金；我将懒散而粗暴。有女人们照看这些从热带返回的凶野的残废人。我将参与政治事务。得救了。[2]

“得救了”！“剥兽皮的人”与“烧草放荒的人”的后裔，应懂得回到实体的世界——回去汪洋、非洲、处女地——之后，通过冒险的劫掠，他将贫瘠的自然化为黄金。在匿名的夺取中，他将强迫他喜爱的人接受主奴的关系，基督教男女关系中的难题将烟消云散。人们反复说，这“凶野的残废人”预示了兰波未来的绝症，但显然，此处兰波仅暗示了他在《被盗的心》与《爱的荒漠》中坦承过的情感残废。在《坏血统》的一份草稿上，他不是写过“我的胸膛被剖开，我将看到一颗可怕而残废的心”吗？

不过，他或许希望用一种残废换得另一种残废，通过

1 法国布列塔尼地区的旧称。
2 出自《地狱一季》中的《坏血统》。

肢体上的不灵便，他能重回他已不再拥有的孩童状态，成为他母亲照料的对象。我们大概可以认为，他在这一点上经受了最阴暗的诱惑。在《地狱之夜》中，他写道："一个人甘愿自毁，那他就该下地狱，不是吗？"但在这种情形下，在这虚假的原始状态中，基督教的道德意识依旧如此鲜活！他的计划里，又有着多么危险的软肋！因此，兰波当即承认了自己的嚣浮。他向自己提供"野草"、烈酒和全部的感官，但这解决了什么？类似的幻想——如 1870 年的《感觉》——并不能防范兰波随后在诸多诗作中揭示的"厌恶"之情。"咀嚼野草"和"吸烟"对他来说已够难了，因为获取感官的幸福，这已然是一种信仰的行为……"不能动身前行。——还是走这里的路吧，我的罪恶也随身带上，这罪恶，自从进入理性之年，就把它痛苦的根须延伸生长在我的胸膈之间——这罪恶在上升，在鞭挞着我，它把我打翻在地，把我拖来拖去。"这段话或许谴责了同性之爱，但在更深处，它斥责了心的失窃，正是它导致了兰波所谓的自私与厌恶：所有的"恶意"处处妨碍他去相信、去爱。

自此，兰波思索出了一条新的道路，如果"新的道路"一词仍具有意义的话：从真理开始，洗掠一切、摧毁一切，或用更虚无主义的方式——因为恐怖仍带有一种关乎"正义"的思虑，仍是一种介入——接受"艰辛的生活，还有麻木不仁，把手擦干，掀起棺盖，坐进去，闷死”[1]。这样，他逃避的又是什么呢？再不是他的残疾或他的苦难，而是他的天真。他身上的天真不断质疑着苦难与残疾，力图削弱它们，用“圣像”与之对抗，不久后却使得他陷入更深的绝望与苦痛。他写道：“啊！我被抛弃到这种程度，简直可以向任何圣像奉献出我追求完美的狂情［……］。”[2]他所概述的，正是这虚幻的人生、这残忍的复苏、这“地狱”。——“我真愚蠢，可怕，可怕”，在《地狱之夜》中，他这么评价自己的重蹈覆辙。事实上，这份“愚蠢”根深蒂固，纵然在他意图祛除它的那一刻，兰波也暴露了自己仍是它的俘虏。“De profundis Domine，我蠢极了！”[3]比起明显被踢出，朝向上帝的跃进着实来得更为猛烈。他无法用他人之法来缓解流亡之苦，无法像众人一般忘记原初王国的绚烂。

然而，在坦承这种本质的矛盾——以及孤独——之后，他旋即改变了语调，诗句不再短促，不再相互撞击；一种沉静，或至少是某种间离，使得兰波能维持连续的思路。他远离了那些全然不同的“种族”，即那些贵族或贱民、那些制造了过去或霸占了将来的人。从他的与众不同开始，从他无法接受他人提供的蓝图开始，兰波意识到，另一种

1 出自《地狱一季》中的《坏血统》。
2 同上。
3 同上。“De profundis Domine”是拉丁语，意思是“自深处，主啊”，参见《圣经·诗篇》第130首：“我自深处向你求告，主啊。”（De profundis clamavi ad te, Domine.）

兄弟情谊将会迎接他，它是历史中的偷渡客，是反叛者们的同伴："当我还是孩子的时候，我就敬慕关在牢中不屈的苦役犯；我曾经遍访他逗留过的、已成为圣地的旅店和出租的陋室；我还按照他的观念去观望蓝色的天宇和田野上扬花的庄稼；我在许多城市都觉察到他的命运。他比圣徒更强大有力，比旅人更富于良知——他，只有他！他是他的荣耀和他的理性的见证。"[1]这正是标题所揭示的"坏血统"，这否定的血液，这不配受洗之人，想必也是兰波夫人斥责他的儿子时常用的词。但兰波自己甘愿继承这样的血统。他不是对他人平庸的目标毫不关心，全把智慧与气力花在这上面了吗？"在路上，隆冬之夜，没有投宿地，没有面包，只有一个声音在揪着我冻结的心：'软弱或者强大，这就是你，这就是力量［……］。'"[2]在这里，我们想到了米什莱与基内在当时刚塑造出的英雄概念，他们二位是兰波智识想象中的大师。尤其对于基内而言，人类的命运依靠的是被拒斥的、无从归类的人。"显然，"他写道，"种族依靠个体修复［……］初遇时，他们便令人诧异；人们不知该将他们归为哪一类；他们带来战争，所有人转而攻击他们。"（《创造》［*La Création*］，1870 年，第 II 卷，第 252-253 页）但米什莱或基内分配给伟大的被拒斥者的任务，是精神的成就。这种成就是进步的，因而

1 出自《地狱一季》中的《坏血统》。
2 同上。

也是世俗的。在他们的教导下，兰波自信有了力量，却再次把他的力气焦急地用在了寻求救赎上。

“是的，在你们的光照下，我只能闭上眼睛。我是一匹兽，我是黑人。但是我可能得救。”[1]或许，为了让深藏的原初之力复苏，他只需要净化体内的假“黑人”，净化自以为诚恳、实则伪善和麻痹的举止。先前，他在蜕变的尝试前退却（“不能动身出行！”）；而此刻，他感觉自己有能力着手开始。因为个人的救赎已不可能，因为“福音已经一去不返”，因为上帝不再回应，他从未经雕琢的感觉中所寻求的将不再是他曾向往的遗忘，而是一种即兴的信仰行为，他早已理解了这么做的必要性。让活在当下之人、让舞者、让真正的“黑人”再度开始吧！“你们是假黑人，你们这些狂人、暴徒、吝啬鬼。商人，你是黑人；法官，你是黑人；将军，你是黑人；帝王，你这个老痒鬼，你是黑人；你喝下未上税的酒，撒旦搞出的货色——这类人都生活在热病和癌肿的控制下。残疾与衰老的人如此令人敬重，他们甚至请求把自己煮沸消毒——最聪明的做法是离开这块大陆，这里，疯狂正在不怀好意地到处游荡，俘虏穷人当作人质。我已进入含的子孙后代的真正王国［……］。”[2]这回，要绝对的出发、深度的出发，再不单单是介于青少年与退休之间的旅程。“大自然，我还认

1 出自《地狱一季》中的《坏血统》。
2 同上。

识大自然吗？我还认识自己吗？——不用再说了。我把死去的人全埋葬在我的肚子里了。喊吧，叫吧，打起鼓来，跳啊，舞啊，跳舞，跳舞啊！”[1]也就是说，他要消弭客体与主体之间、自然与人类之间的一切区别，忘掉这作为意识、回忆、对他者的殚思竭虑的语言。在“低劣种族”的源头，与现今的科学志向相对，兰波想肯定，也无疑想暂时据为己有的，是这依靠冲动与感觉而生的“信仰”，人格化上帝的理念曾让兰波疏远它。

但或许，他不过是在模仿某种赞同的举动，只是为了更明确地辨认、定义他所受的束缚。或许，他只想要重温过去生活中的矛盾。在追逐异象的时期，兰波便已经历了与我接下来要描述的失败相似的挫折，而今他铸造的神话，也解释了从“感官的扰乱”通往“仁爱的追求”的老路。

“白人登陆。”[2]另一回，在《民主》(Démocratie)中，兰波会表示出对殖民远征的担忧。在这资产阶级与科学主宰的世纪末，西方通过殖民来一劳永逸地完成对本能举止的基督教式灭绝，而他自身也成了被殖民者。他的内心亦如是：每次当他以为到达了本质、到达了善恶的彼岸之时，“白人”旋即“登陆”，在这副“本应裸体前行”[3]的身躯中突显出天主教教养的无情威力。“必须屈从于洗礼，穿

1 出自《地狱一季》中的《坏血统》。
2 同上。
3 出自《仁爱修女》。

上衣服，辛苦劳动［……］。”[1]因此，纵然在他所向往的自由河岸，兰波还是写了一页古怪的诗句，将自己视作被征服、被灌输、被管教、被“拯救”的黑人，或至少，他曾做过不少让步。“我没有做过任何坏事。今后的日子将会过得轻松，我将免受悔恨之苦。我几乎死去的灵魂今后不会再受任何煎熬痛苦，死去的灵魂已经泛出肃穆的光辉，像丧仪上燃起的白烛［……］。”[2]这一整段都被染上了一层走了味的天主教色彩。“理性在我身上产生。”兰波总结道，“世界是好的。我要祝福生命。我要爱我的兄弟。这不再是童年的许诺，也不再是希望逃避衰老和死亡。上帝给了我力量，我赞美上帝。”他皈依宗教了吗？我们不能这样理解上述段落。这段话的内容是非现时的，但偶尔可被证实，它说的是一种被俘虏的意识的预期反应。兰波试图将意识交还给“含的子孙后代”的原初自由，但从这一刻起，他已是洗礼的奴隶了。纵使他想回到前者的状态，但事实上，他对基督范畴的虔诚也已经觉醒、加深。两种趋势相互抵消，留着他一人陷入“地狱”的苦恼。

早在《太阳与肉身》中，感官人生的规划便无法消弭“另一位神”的记忆。在1871年至1872年的“所有感官的扰乱”与伦敦的“仁爱”时期之间，在《言语炼金术》与《疯狂的童贞女》之间，我们察觉到了相似的对立，以及两种感

1 出自《地狱一季》中的《坏血统》。
2 同上。

觉、设想和爱的方式同样的互相抵消。事实是，《坏血统》这一页所透露的并非兰波的信仰，而是基督教对他的把控，在他的精神中，这可憎的范畴不可抗拒、始终在场。因此，《坏血统》成了两篇伟大的《谵妄》的序幕，且已引导出了两篇各自得出的两个全然不同的结论。我们知道，《言语炼金术》将通灵人的实验全然视作已终结的过去。“这一切都过去了”，他在结尾说道。相反，另一个“谵妄”似乎尚未了结。虽然仁爱的所有困难皆已道尽，它的最后几行却清晰又不失讥讽地朝未来开放：“他如不是那般凶悍，我们或许早已得救！［……］或许，有那么一天，他不可思议地消失不见；如果他也飞升到某一处天界，应该让我也知道，让我亲眼看着我的心上人得道升天！”[1] 在这里，我们又重新找到“白人登陆”所表达的思想：“我多想像一个幼童一样被劫走，以便忘却一切苦难，在天堂嬉戏！”[2] 尤其是：“天使的理性的歌唱从救世之船升起：这就是神性之爱。”[3] 呼喊与舞蹈的计划很快消失无踪，但他的另一种需求，即洗礼之子的需求，却不曾在 1873 年 8 月消失，也或许从未被彻底消除。在兰波那里，基督伦理始终有着最终的话语权。正因如此，今后他必须尝试开拓自己的道路。

无论如何，如今他明白了他做过多少无用功：“厌倦

1 出自《地狱一季》中的《谵妄 I：疯狂的童贞女》。
2 出自《地狱一季》中的《坏血统》。
3 同上。

不再是我钟爱之所在。激怒、放荡、疯狂，他们的种种冲动和祸害，我都清楚——我所有的重负都可以解除，让我们清醒地估量我清白无辜的程度。

“我不再要求用笞刑作安慰。我自信不会牵连进一场以耶稣基督为岳父大人的婚礼［……］。”[1]如果我们把先前他皈依的立誓当真的话，这段结尾就变得不可理喻。但我们可从中发现分裂、摧毁兰波的双重心愿；再者，他自此确信，用一种模式来否定另一种模式不过是徒劳；最终，他也清楚地意识到了，他向往的这矛盾的两者的综合是不可能的，这意味着：“我不是我理性的囚徒。我说过：上帝。我希望在救赎中获取自由。”[2]弄清楚这些，这段话的意思就清晰起来了。他自深深处懂得了：在只通过伦理的束缚来实现救赎的上帝和不允许他从本能中分离出直观存在的本性之间，有着本质的矛盾。懂得这个矛盾不啻为一件好事，但这最初“迈下的脚步”[3]不像是一种幸福，反倒像一种荒芜的彼此抵消的过程，在死亡中即刻消弭。

在《地狱一季》中，首度出现了死亡的念想。我们或许会对兰波没有早点想到死感到吃惊，毕竟死是一种出路，在悲剧的光照下，死可以在一瞬将世界归还给一无所有者。但若这样想，便是没有理解，无论兰波有着怎样的勇气，

1 出自《地狱一季》中的《坏血统》。
2 同上。
3 出自《地狱一季》中的《永别》。

1873年7月10日，兰波遭魏尔伦枪击，受伤卧床（杰夫·罗斯曼［Jef Rosman］绘）

他都无法真正欲求死亡。“我因缺乏死亡的勇气，已经成了老处女！”[1]像兰波一般被剥夺了爱的人，也会被剥夺死亡。没有获得天分、无法被欣然认可者，没有被真正爱过之人，无从听命于死。兰波曾欲求“麻木不仁”、卑劣、罪恶——“罪恶，快些，让人世的法律把我打入虚无”[2]——他无法分享对死亡的信仰。

《坏血统》的结尾处，兰波在想着什么？

死亡之触不可及，让他始终被枷锁束缚；救赎之不可能，宗教憧憬自身的矛盾，使得生命成了荒谬之所，成了

1 出自《地狱一季》中的《坏血统》。
2 出自《地狱一季》中的《地狱之夜》。

徒留颓丧与滑稽的剧院。“无休止的闹剧！［……］生活是人人都必须扮演的闹剧。”[1]再者，这里没有任何休憩，没有任何抽身的机会，因为，那些不与他人怀揣同样欲念与感知的厄运之徒，对他们的惩罚，正是他们必须不顾一切地承担起自身的价值与行动。“前进！”[2]他被拉扯、被推搡。无论他黑暗的内里——“啊！胸口在燃烧，时间在咆哮！有这轮太阳，我眼中黑夜茫茫！”[3]——与缄默为何，他都不能逃离这终极的误解。因此，他或许有过自知，有过清醒的时分，但在这阴暗的最后一页里，他没有酝酿出任何将来。

此外，值得一提的是，在这一整个章节中，兰波都没有试图舒缓——我不再用“转化”一词——他不幸的际遇。同样，《坏血统》无任何心理学思考，亦无任何社会批评。为巴黎公社倾倒、在1871年春写出《共产主义宪章草案》（Projet de Constitution communiste）之人，如今漠然于改变生活的政治条件。相反，我们见他谈起了使十字军远征成行的冗杂、轻信的大众。这样的转变有着诸多含义：革命者企图转变、改善——心理或社会层面——天生的既定，而十字军则刻意美化它。后者才是兰波真正的父辈，即便他最初怀有随公社一同死去的天真期待。《坏血统》忧心

1 出自《地狱一季》中的《坏血统》。
2 同上。
3 同上。

的是救赎，而不再是治愈。这是一个为落入圈套的意识所设的现象学，它为蓦然间的希冀、飞跃和再度的坠落定影，只为了让意识逗留在奇迹与恩典的门槛边。与其说兰波寻求着不完全的解药或相对的解答，不如说我们看到《坏血统》的作者宁愿驻守在不可能的解答与逝去的可能性之高地上，以至少留住真正饮液之上的倒影为盼，并用他惯常的粗暴方式，“诗意地栖居在大地上”[1]。

IV

然而，刚刚的说法并未考虑一个兰波从未能修补的缺陷。在这诗篇完成之际，它旋即变回强劲的现实，毁掉了《地狱一季》本身的计划。兰波在5月写成了《坏血统》。几周后，在伦敦，《地狱之夜》见证了他再度的坠落。他写道：“我曾隐约想到要皈依善和幸福，寻求救赎。”[2]他或许在暗指一段吸毒的经历。所有的证据都让我们相信，他与魏尔伦在英国生活的不同时刻一起吸食印度大麻或鸦片。此刻我们知道他该多恨所有允诺着天堂、之后却只带来上瘾危害的东西了。不过，当他满腔愤恨与苦恼地描绘他探险之旅的末路时，他显然在其中看到了某种比单纯的失落严重得多的东西。“我吞下了一大口毒药。——我有这么个好主意，

1 荷尔德林（Hölderlin）名言。
2 出自《地狱一季》中的《地狱之夜》。

真该三倍地祝福！——五脏六腑烈火燃烧。毒性猛烈，我的四肢五体痉挛抽搐，我扭曲变形，翻倒在地。我透不过气，叫不出声。这就是地狱，永恒的惩罚！看吧，火焰在上蹿！我真烧得难受。走吧，魔鬼！"[1] 事实上，因为兰波明知故犯，因为他没有能力对诱惑说不，所以无论毒药指的是什么，我们都要理解成是他对希望的执着。正是这希望，这顽冥如斯的天真，激怒了写出最后几页《坏血统》的作者。回到伦敦后，疲乏的"幸福"、情感漂移和苦涩幻灭的生活又一次开始了。兰波曾以为自己到达了清明之境、触碰到了知识，然而，最小的试炼都让他再度囚于荒诞的期盼与苦痛的觉醒组成的"地狱"之中。因此，他无法遵从真实吗？当他描绘完形而上状况的图景后，心理层面最庸常的必然规律，势必会阻止他继续担当不受侵蚀的见证者吗？"说我掌握了真理，说我看到了正义，我有健全、明确的判断力，我具备尽善尽美的条件……"[2] 从这缺陷中，尤其滋生出了《地狱之夜》的不幸。不过，兰波的活力否认这一切。在这本动摇不定的睿智之书的开头，他曾以为自己已摆脱了希望；如今，他要找寻究竟为何他仍然受其桎梏。

《地狱之夜》因而尝试了《坏血统》所缺乏的——这值得留意——心理分析。透过《七岁的诗人》里曾有的视角，带着《初领圣体》中未曾削减的暴力，兰波回首童年，

1 出自《地狱一季》中的《地狱之夜》。
2 同上。

斥责基督教不仅像他不久前懂得的那样施予他善恶的幻象，还让他深陷不灭的希望的折磨之中。“我是洗礼的奴隶”，这一刻，他苦涩地写道。正是救世主的宗教，将另一个更真实的世界这一理念强加于他，并通过这一许诺，让此世不再存在。“啊！生命的时钟刚刚停下。我也不在此世。”[1]又或是，“我相信我已经落入地狱，所以我是在地狱里。”[2]对兰波而言，基督教的希望并非形而上求索中可驳斥的前提，而是一种毒药，自孩提时——“父母啊，是你们铸成了我的不幸［……］”[3]——它便狡诈地扭曲现实，将言说者与存在者之间的关联替换成幻觉与虚影，摧毁一切真诚的本体经验。如今，他只剩薄弱的意志、疲惫之心和“能想象出的所有怪脸”，除了艺术与无偿的表演外，一无所有……在所有的作品里，兰波都为在他体内忙碌不已的演员所困：演员只表演，却无法真正生活在真理的“喜剧”中。在《地狱之夜》里，他在世界空无的舞台上描述他过度拥有的“天分”，他将此视为我们被异化的状况的真实症候。“请听！……我什么天赋都有！——这里没有人，这里有某个人：我绝不愿把我的财富珍奇分散施予。——想听黑人之歌吗？想看仙女之舞吗？”[4]在这样一个世界里——现代艺术会给予证实——人有着模仿“黑人”风格的天分，

1 出自《地狱一季》中的《地狱之夜》。
2 同上。
3 同上。
4 同上。

却不具备复苏“含的子孙后代”的实体生活的力量。

与《坏血统》相对，《地狱之夜》显出了兰波视角的彻底转变。书的第一章[1]里，一种“绝对”意识在考察他的矛盾、记录他的局限，为他无力跨越限制所苦，且只能在他的独特与孤独中思考自身。无论离贱民还是贵族、西方还是处女地，这意识都一样遥远，仿若它与存在一道诞生，只为作出见证，不曾在任何时候受到外来的干扰。他通过历史寻觅同类，却忽略了历史的生成总伴随着引发诸多后果的偶然，这妨碍了他找出导致现有混乱的或远或近的缘由。此外，若说他承认了基督教的统治——可疑的是，他的承认不带有任何信仰——他却不曾追问基督教通过何种必然或偶合的方式树立权威。“我的心受到恩典的一击”[2]，兰波曾写道……这或许是形而上痛苦的真实因素，是每个意识的必然遭遇，即便不会有幸福随之而来。《地狱之夜》则用一种心理学和一种批评跟上述图景对抗。带着点马克思主义的与前弗洛伊德式的色彩，这些诗页探索了潜意识、探索了理念的地下活动，以及曾自以为自由的思想的异化：即在精神的生成中，可能变为偶然或“毒药”的一切。基督教，我们灵魂的疾病；希望，受到诅咒却总能神秘地复返，它是这毁灭的宗教那令人不安的眷属；未来，无从规避的命数，因为，作为一个时代与一门宗教的精神伦理架构的“奴

1 即《坏血统》。

2 出自《地狱一季》中的《坏血统》。

隶”，他不再能够与他所欲、所认的真实联结。

阿蒂尔·兰波，这此时此刻的具体存在，成了他本人眼中值得思考的真正课题。顺此逻辑，在《地狱一季》中，《地狱之夜》后紧跟着兰波留给我们的两幅自画像——《言语炼金术》与《疯狂的童贞女》：这回，他完全用第一人称叙述，探究起他在某一时刻的希望和持续的失败。

V

虽然《言语炼金术》与《疯狂的童贞女》里提供的细节——补充分析——也很重要，但它们只是解释了兰波已阐述过的两种异化形式，我也不愿再回到先前已尽力评论过的篇章里面去。兰波在《地狱一季》里忧心的是未来，而不是过往。在两篇《谵妄》之外，我们方能找到展现其命运的思想进程。

这进程重启于《不可能》的开头："啊！我的童年生活，在任何时间都是一条大路，超于自然的质朴，比最好的乞丐还要无私。没有故乡，没有朋友，这是可以自豪的，又是多么愚蠢。——我看只有我才是这样！"我相信，当兰波从最后一次历险中归来，受着伤，因高烧而战栗，走在布鲁塞尔和阿登省之间的路途上时，他便是这么想、这么说的。这“愚蠢”，被如此高贵、如此纯粹地揭露，我将其理解成他对救赎的执念，以及与之相伴的对世俗目标的漠然。我们已经知道，兰波如今明白了：他被判处给了希望；希望是他的罪恶，也是他的美德；希望让他逃离普遍的卑劣，但除此以外，它只是虚妄——为此他想出了一个新计划。倘若所有形而上的解答都会被希望腐蚀，那何不去蔑视希望的企图，从而摆脱这最可怖的恶魔？不再是《坏血统》里的“出发”，那关乎的不过是救赎，始终逃不开宗教异化的陷阱；相反，他要把“殉道者的荣耀，艺术的光辉，发明者的自豪，掠夺者的狂热”都交付给“魔鬼”，从而逃离救赎思辨的“微妙的酷刑，无谓的拷打”，拾回“东方”宿命的、静止的智慧。[1]“我要逃离！”[2]即便兰波以为自己找到了“值两分钱的理性”，但他还告诉我们，“这很快就会过去”。[3]因此，俄顷，他还会跌入曾逃离的范畴的魔爪之中。事实上，他口中的“智慧”有什么效用？“教会人士”恰好给他提示了答案：“千真万确！我想到了伊甸园。”[4]智慧依旧是向往被改变的生活，向往回到原初的荣耀，这不过是救赎幻梦的别种化身。他刚拒绝“精神泛滥”，便又开始造梦。比如，在如今现实的匮乏之下，他又梦想起“运动”、“形式”和“光明”的无瑕[5]。

“我的思想，你加意提防。别再暴躁地出发寻找救赎。

1 参见《地狱一季》中的《不可能》。
2 同上。
3 同上。
4 同上。
5 参见《地狱一季》中的《地狱之夜》：“不是说我信奉被败坏的光明、陈腐的形式、迷失方向的运动。”

锤炼你自己！”[1]然而，当精神恰巧“沉睡”时，这锤炼必是艰辛的！没有任何逃离的尝试是始终潜伏的希望所不愿操控的。“人类的劳动”[2]，对科学的发展与原则的赞同——唯一真正世俗的计划——被舍弃了，因为它过于缓慢，奇迹的所有可能都会消失殆尽[3]。至于怠惰的生活、有着幻梦与轻巧的诗意的生活，它们轻易便让人看到最终的结局：“江湖术士，乞丐，艺术家，匪徒，——教士！我躺在医院病床上，有浓烈的香气袭来；神前看管香火的人，神父，殉道者……”[4]在《不可能》与《闪光》的这些诗页中，兰波或许只想要一次性地证实他在伦敦阶段所痛苦感受过的宿命。但这回，循环已然紧闭，“不可能”已然明确，“童年所受的肮脏教育”[5]已然扎根，将整场生命献给无止境的反抗，献给虚妄与毁灭并存于其中的骄傲。

“确曾是地狱；”兰波在《清晨》（Matin）中这么写道，“是那古老的地狱，是人之子开启大门的地狱。”这是不可逃避的、由阴暗的律法统治的地狱。

我们来到了这里，这全书最黑暗的部分，这极可能沦为彻底的放弃与终结的时刻。许久以前开启的夜，被闪光刹那间照亮的夜，自此遁入永暗，似乎没有什么能够报晓。

1 出自《地狱一季》中的《不可能》。

2 出自《地狱一季》中的《闪光》（L'Éclair）。

3 参见《地狱一季》中的《闪光》：“我懂得劳动，我能工作；可科学进展过于缓慢。祈祷却在快步向前。”

4 出自《地狱一季》中的《闪光》。

5 同上。

不过——我们必须在这里找出全书最隐秘的意愿，找出他难以抑制的力量的最高潮——兰波正是选择了这至暗的时刻，将其称为“清晨”。

他不愿遗忘：这如今已腐坏、瘫痪的生活，也能像他在《太阳与肉身》中所说的那般光荣与纯粹。“可喜可爱的青春，神奇壮美的青春，应该写在烫金书页上的青春，我不也曾享有过一次？——太幸运了！”[1]他也不愿徒然地试图去遗忘他如今的软弱，这是他矛盾的思想中的另一端点。在这两者之间，他——这回不带一丝愤怒——与周而复始的虚妄期盼相和解。“同一沙漠，同样的黑夜，我倦怠不堪的眼睛总是在银星照耀下醒来，总是这样，而生命之王，朝拜耶稣诞生的三博士，心，灵魂，思想，却不为所动。”[2]此刻，他用最沉悼、也最纯粹的声音，赞许这赤贫的希望。是啊，他可将其称为银星，即便本质的转变的金光从不曾闪耀，即便救世主不曾到来。

我真的相信，在这破晓前的时分，兰波皈依了希望。这句话的意思是：兰波懂得了，既然他称之为“地狱”的发展过程——不耐、跃进、幻灭、苦楚——在惶惶之中无从止息，那它们便是生活本身，他必须承认它们——这距离先前的轻信、距离虚妄的安宁幻梦，都同样遥远——是这匮乏的宇宙中唯一的现实。因此，他必须接受“谎言”

1 出自《地狱一季》中的《清晨》。

2 同上。

和创伤，像怒涛中的小舟一般屈服，尊重它们、爱护它们。他欲与没有出路的矛盾和解，欲从西方幻象的睡眠中觉醒，在《不可能》中，兰波已经隐约瞧见了这两个愿望，并称之为“智慧”与“纯粹”。

在紧接《清晨》之后，并为《地狱一季》收尾的《永别》中，兰波再次表达了他与我们的境况的和解——尽管境况人皆不同。

是的，像《清晨》中一样，全书那疾风骤雨的进程所产生的矛盾一直存在。“已经是深秋！”[1]一边，是缺场的“永恒的太阳”[2]、仓促流转的终焉的四季、“苦难之港”[3]、全然物质性的人类场所——即便我们可看见天边泛起的红光；另一边，则是仍然“立誓要找到神性之光”[4]的人那无可止息的绝对欲望，而这既持久又虚妄的幻境，很快将让消沉“绝望”的兰波继续写下，“有时我看到天空中有一望无际的海滩，布满了洁白如雪、欢欣鼓舞的国度”[5]——“真正的生活”那永远迷惑人的海市蜃楼。在这既定的现实与这希望之间，没有已建立的或可建立的交流。“我自信已经取得超自然的法力。可是，我必须把我的想法和记忆统统埋葬。”[6]但从这两难中，再未升起一种控诉。“何必惋

1 出自《地狱一季》中的《永别》。
2 同上。
3 同上。
4 同上。
5 同上。
6 同上。

惜［……］”[1]，兰波写道。他宁愿向荒芜却洁净的真理时刻致敬。

“我啊！我自称占星术师或天使，伦理道德尽皆免除，我还是带着有待于求索的义务，有待于拥抱的坎坷不平的现实，回归土地吧！农民！”如同“农民”从不曾想要回避土地的物质灾祸，我们也不能在精神劳作里拒绝命数、拒绝限制。这便是“新的时代”[2]的教诲，与真理无异。

因此，在《地狱一季》的尾声，兰波带领西方走向历史的终结：从雄心与梦想中，从多少世纪以来被太过轻易地接受的基督教神话与“谵妄”中，他揭露了一种盲从——此乃最深刻的异化。他也不愿我们的意识自此屈服，在宗教幻想之外，他提出了一种现实主义的行动。在这里，我们取“现实主义”一词最存在主义式的含义。“绝对应该做一个现代人”[3]，兰波写道。似乎对他而言，异化的事实最终并非落于政治或经济层面，而是道德层面。当急于沉溺在幻梦中时，他便异化了，因为他失去了对于自身限制的认识，而这一认识为唯一的、明确的现实提供基底与进路。现代性是“农民”的智慧，他们知晓没有任何奇迹环绕的现实，知晓人类境况中那艰难却有益的两重性：既有苦难，又不失希望。未来并非占有或荣光，而是真实。对

1 出自《地狱一季》中的《永别》。
2 同上。
3 同上。

救赎的执念，或对救赎的徒劳拒绝，都将让位于这创造性的认知：只有在这从不获取、从不平息的欲望里，才有我们的存在——这是我们与有限性的永恒对抗，远离气馁者与盲从者，“远远离开那死于季节嬗替的人”[1]。

VI

这新的现实主义的手段是什么？我是否应该进一步证明我在《永别》中看到的价值颠覆？

事实上，如果书的末页未出现至少一处佐证的话，我是不会贸然作出这样的阐释的。是的，这一页诗句出奇私密、断裂、省略，仿佛兰波在犹豫是否该把它们全部写出。他明白，理念的在场本身比它的表达更具创造性，他想像面对预言家的言语一般面对自己的文本。且让我们在一个词上逗留片刻，它重新打开了一个视角，兴许也揭示了兰波最终的计划里最深层的面向。

在他把将来比作“有待拥抱的坎坷不平的现实”后，兰波紧接着写道：“我受骗上当了吗？仁爱对于我是否也是死亡的姐妹？”[2]

因此，在他的新计划中，“仁爱”占据了一个角色。若现在回到《地狱一季》的序诗——序诗许是写于全书之

1 出自《地狱一季》中的《永别》。
2 同上。

后，无论如何，它似乎认定诗集已然完成——我们可以带着更多确信，专心考察兰波为这个半死不活的概念提供的另一种暗示。“可是，最近，”他写道，“当我几乎又要弄出最后一次走调的时候，我想到要寻回开启昔日盛宴的钥匙，在那样的盛宴上我也许能恢复食欲。”他紧接着说：“仁爱就是这把钥匙。”我们不也被邀请去制作一把钥匙，用来开启《地狱一季》的缄默吗？

让我们回忆一下《疯狂的童贞女》里的一句话：“难道只有他的善良和仁爱赋予他生存在现实世界的权利？”让我们再回忆一下使得兰波一时亲近软弱的魏尔伦的“仁爱”之举，这样，我们便能看清兰波如今仍想追随的、以接受现实为终点的道路。当他决心让魏尔伦回到“太阳之子的原初状态”，并为律法的世界找回失去的完满时，他求助的正是对如其所是的事物及存在的爱；在这“人之子开启大门的地狱”，他的榜样正是耶稣传授给世人的新的爱。不过，对自我的恨却阻止他去爱旁人。别忘了，在《地狱一季》中，这“谵妄”并未有明确的结局。疯狂的童贞女只说道：“他如不是那般凶悍，我们或许早已得救！”以及：“或许，有那么一天，他不可思议地消失不见。”尽管他带着讽刺与羞耻提到“我的心上人得道升天”，但将心上人从地狱解救出来，也许仍是他难以忘怀的梦想。从这梦想里孕育出了《永别》意图实现的伟大理念，这回，它带着更坚定的语气，有着更有限、更清晰的志向。

无论如何，我相信兰波在《清晨》与《永别》里，只是试着将仁爱中的创造力转向自身、转向对自我的接受——对他的希望，也对他的“愚蠢”、他的“罪恶”，对《耻辱》一诗曾残忍揭露过的一切的接受。他将为他自己而化作人之子，通过把爱施予人类，让他们从错误中解脱；他将接受自己原本的模样——不完美、不完整的模样——从而祛除骄傲，祛除占有的本能，祛除让我们深深脱离现实的焦躁，如此便能重启、加深我曾讨论过的对希望的接纳。仁爱是“强烈的耐心”[1]，它将受难变作承担，将苦楚变作存在，将“还要接受审判”的“死去的灵魂”变为充满可能性的前夜，破晓时，真理将建立“在一个灵魂和一具肉体之中”[2]，建立在一种苏醒的存在之中。

正是它，这同化成人类义务与历史现代性的仁爱，阐明了全书结尾处孤独者最决绝的心愿。“说什么友谊之手！”[3]兰波写道。“最有趣的乐事，是我可以嘲笑往日骗人的爱情，羞辱那些谎话连篇的伉俪，——我在那里亲眼看到女人的地狱[……]。”[4]他曾徒劳地请求女人们成为“仁爱修女”，而如今他用自身替代其他所有人，在这资源明显匮乏的世间，他承认自我、复苏自我。“幸事的流转”，

1 出自《地狱一季》中的《永别》。
2 同上。
3 同上。
4 同上。

他孤独地在空无的苍穹中呼唤它。如同苦役犯与圣人一般，他必须孑然一人，完成他的伟大使命：重新发明爱情。

不过，在同一个瞬间肯定孤独与仁爱，这是多么古怪啊！这隐约可见的现实难道又要消失，在这自给自足中，难道只有旧的“傲慢”与“魔鬼”在发声？自私依旧霸占着信仰的位置？从另一个角度而言，倘若现实既是可能，也是完成，既是自然，也是个人，既是合理的科学研究对象，也是施予耐心的对象——通过新的爱之意志，这种耐心会变成创造性的苦修——那么，将仁爱认作世间的关系，这难道不危险？西方历史上，曾有这么一回，仁爱让存在四散分离，最终远离人世。

我们知道，在《永别》中，兰波不怯于流露胜利之情。“因为我可以说，我胜利了，”他写道，“咬牙切齿，怒气冲冲，恶声悲叹，都已经缓和下来，一切邪恶的记忆都已经一笔勾销。”[1]但他也说，他明白斗争没有结束。这始终只是“前夜”，清晨尚未到来。“严峻的黑夜！斑斑血迹已经晒干，我的脸上还在冒烟，我身后一无所有，除去这令人胆战心惊的丛丛灌木！……”[2]兰波想要在创造与爱的行动中超越律法，但这灌木，这被诅咒的、无法结果的善恶之树，始终危险地潜伏在他的记忆里。

更明显的是，序诗里，刚刚说完“仁爱就是这把钥匙”

1 出自《地狱一季》中的《永别》。
2 同上。

后，兰波立即补上一句："这样的灵启证明我是在做梦！'你还是做你的豺狼去……'，魔鬼叫着，给我戴上如此可爱的罂粟花环。'带着你的贪欲，你的利己主义，带着你所有的大罪，去死吧。'"是的，仁爱可以成为"死亡的姐妹"，如果它让他更加远离其他的存在的话。而正是他与众人的分隔导致了他的罪孽与控诉。又如果，当兰波的本性仍是恶魔一般充满缺陷时，它让他背离可能性与自然，那结果同样如此。

让我们遵照他诗歌探索的主观时间，把兰波留给这新的操劳：冒着受骗的风险，兰波为自己重新分配一个任务、一个目标。毫无疑问，这抑郁的几个月后，找回他的财富、找回作出决定的活力是很重要的。生活的欲望复苏了。孤独曾是一个事实，也像是一种末路，如今却通过诗歌能量的常规辩证过程，变成了一种转化苦境的方式。人类社会不再那么绝望地陌生，因为在现代性的斗争中，兰波想要成为先锋。

我只用一个评语作为收尾。人们常说，《地狱一季》斥责或至少背离了诗歌的写作，这我并不反对。兰波在手稿上清清楚楚地写道："艺术是一件蠢事。"正因为艺术是反抗的帮凶，是幻觉的源头，是关乎救赎的虚妄理念，诗歌创作才不会在以耐心为重的未来时代[1]中占据一席之地。

1《永别》的结尾写道："等到明天，黎明初起，我们凭着强烈的耐心的武装，要长驱直入，走进辉煌灿烂的都城。"

然而，兰波能够一以贯之地忠于这艰辛又矛盾重重的计划吗？他不会再次屈服于他“亲爱的撒旦”[1]？我想，我们看到，在序诗的最后几行——或许这是他的夏日思索的最后时刻——已经出现了“几分姗姗来迟的怯懦”[2]的预感。

1873年，兰波在位于罗什的家庭农场（1918年被损毁）完成了《地狱一季》

1 出自《地狱一季》中的序诗。

2 同上。

彩图集

I

直到现在，我并没有——或许有读者注意到了——过多探究或引用阿蒂尔·兰波的散文诗集《彩图集》。

我们仍未清楚地确定它们的创作日期。确实，兰波似乎已在《地狱一季》中背离了诗歌，这使得大部分的研究者一直相信，他所有的作品无一例外都写于1873年的夏天之前。然而我之后会讨论的一些事实似乎证实，至少有两三首充满争议的诗歌写于《地狱一季》之后。没有材料上的证据能证明，其中任何一首的创作先于他否定诗歌的大力尝试。

我想我们必须把整个谜题束之高阁，只把《彩图集》作为一个整体，或至少作为单一问题来探讨；探寻这些诗歌中或许多变的性情，如何与他人生里如今看来更加明确的不同时期保持一致或不一致。我们或许可以得出一些结论。当然，前提是我们不能忘记，我们是在怎样的晦涩难解中前行。

兰波的作品、思想和人生中，有那么多面向仍然——或有一些将永远——难以确知、不可解读！我想先提醒诸位这一点，仅以此唤起有益的怀疑精神。

《彩图集》（I-XXXVII）最初于 1886 年 5—6 月在《潮流》上分期（第 5、6、8、9 期）发表

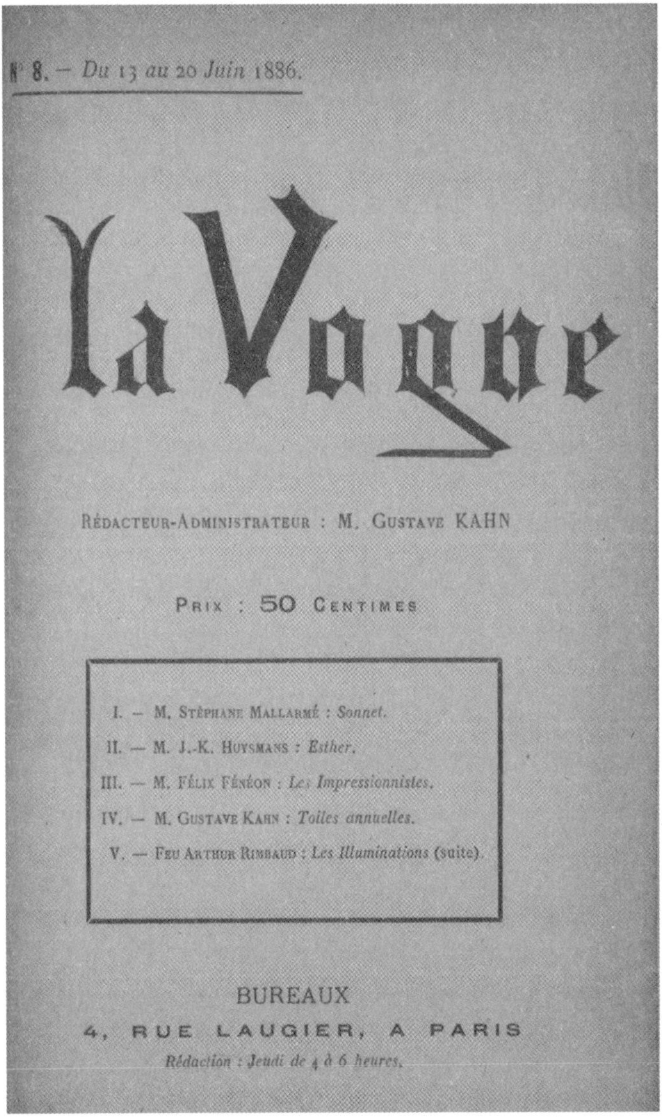
N° 8. — *Du 13 au 20 Juin 1886.*

La Vogue

Rédacteur-Administrateur : M. Gustave KAHN

Prix : 50 Centimes

I. — M. Stéphane Mallarmé : *Sonnet.*
II. — M. J.-K. Huysmans : *Esther.*
III. — M. Félix Fénéon : *Les Impressionnistes.*
IV. — M. Gustave Kahn : *Toiles annuelles.*
V. — Feu Arthur Rimbaud : *Les Illuminations* (suite).

BUREAUX

4, RUE LAUGIER, A PARIS

Rédaction : Jeudi de 4 à 6 heures.

《潮流》第 8 期（1886 年 6 月 13—20 日）

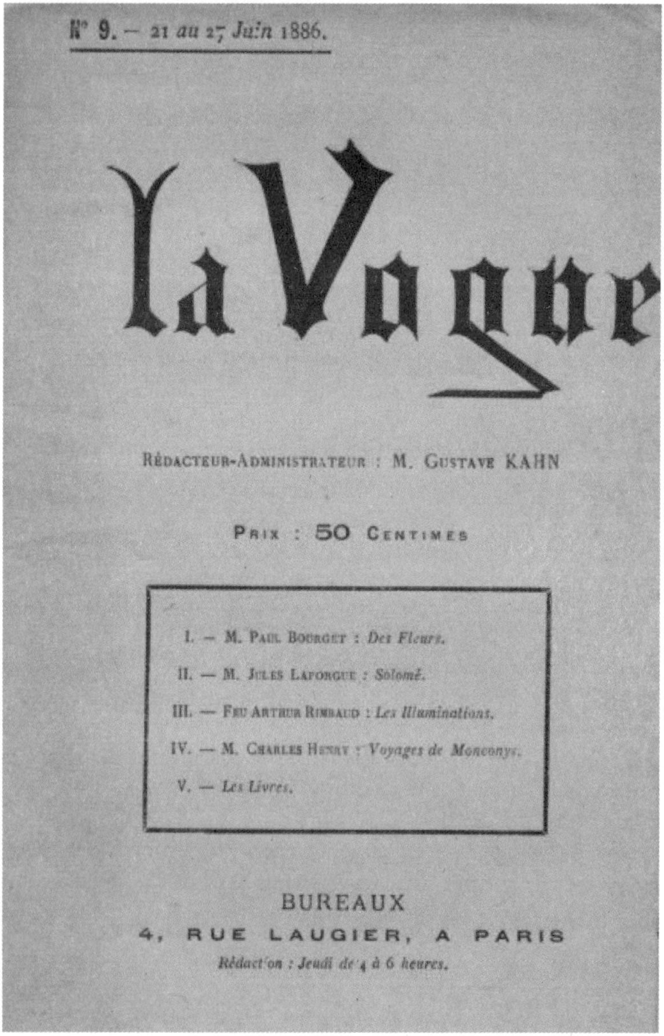

N° 9. — 21 au 27 Juin 1886.

La Vogue

Rédacteur-Administrateur : M. Gustave KAHN

Prix : 50 Centimes

I. — M. Paul Bourget : *Des Fleurs.*

II. — M. Jules Laforgue : *Salomé.*

III. — Feu Arthur Rimbaud : *Les Illuminations.*

IV. — M. Charles Henry : *Voyages de Monconys.*

V. — *Les Livres.*

BUREAUX

4, RUE LAUGIER, A PARIS

Rédaction : Jeudi de 4 à 6 heures.

《潮流》第 9 期（1886 年 6 月 21—27 日）

Arthur Rimbaud

LES

ILLUMINATIONS

Notice par Paul Verlaine

PARIS

PUBLICATIONS DE *LA VOGUE*

1886

1886 年 10 月，《彩图集》由《潮流》以小册子的形式出版此外，关于魏尔伦在1872年谈到的《祈祷》(Prières)，关于引起无数争论却始终不见踪影的《精神猎捕》，关于兰波5月在罗什开始写作《黑人之书》时，魏尔伦仍要他寄去的《瞭望台》(Esplanade)，我们又何尝知道些什么？他早期的大多数散文诗，或将永远散佚。

关于兰波在《地狱一季》之后那至关重要的十五至十八个月中的邂逅、阅读和交友——这空白几乎同样严重——我们又何尝知道些什么？那时没发生任何事件——如果我们掌握情形的话——足以在他的精神中立起不可或缺的坐标？为何甚少旅行的兰波夫人在1874年到了伦敦？当我们读起明显带有自传性质的诗歌《生命》的第II节或第III节时，我们能确保理解一切吗？“我是个发明家，我的功绩与以往所有发明家的截然不同；我也是音乐家，发现了某样东西，仿佛爱情的钥匙。”[1]即便有《地狱一季》的序诗与作为某个时期的爱之“钥匙”的仁爱理念作为参照，这几行诗依旧晦涩，因为它们暗指某类音乐。难道不存在一位如今仍不为人知的兰波，一位喜爱——或创造过——某首《被遗忘的小咏叹调》(*Ariette oubliée*)(歌词与音乐)[2]、读过戈蒂耶的《印度大麻俱乐部》(*Le Club des Haschischins*)、将“通灵人”的角色作为奏乐之人进行思考的兰波？——这是此后想拥有一架钢琴的兰波，是属

1 出自《彩图集》中的《生命》。
2 法国作曲家德彪西(Debussy)的作品。

于《地狱之夜》所揭示的“童稚的音乐”的兰波，是思辨的、充满动荡的力量的存在，总之，他很可能在几页创造“新的和谐”[1]的天真烂漫的谱稿上，复苏了毕达哥拉斯主义与俄耳甫斯教[2]的范畴。

他在《生命》第III节中写道：“在巴黎的古老过道上，人们教会了我古典科学。”我想到，出于严肃的态度和对真实性的考量，兰波以往甚少将寓言糅合进他人生的记叙中。因此，我承认我只想取其字面含义来理解这句话，并将它与下述同样费解的诗句对照，且不排斥一个观点：兰波接受了某种迟来的启蒙。“我是那智者，坐在阴暗的扶手椅上。树枝和雨点，投在书房的窗上。”（《童年》第III节）“那个教我谚语的婆罗门今且如何？”（《生命》第I节）“致这位神圣的长者，隐士的居所或天赋的使命。”（《虔诚》［Dévotion］）“愿人世只留下一个孤独的老人，安详又美好，被‘不曾耳闻的奢华’包裹，——我一定匍匐在您的膝前。”（《片语》［Phrases］）。这“不曾耳闻的奢华”将我们领回《生命》第III节：“在一座被整个东方环绕的大宅中，我完成了我的皇皇巨著，光荣退隐。”这奢华或许暗指毒品、印度大麻和鸦片，我们会看到，它们的魅力将清晰地体现在《彩图集》的更多诗篇里。然而，奢华也与某种兰波已知的人生无法告诉我们的教诲或方法

1 出自《彩图集》中的《致一种理性》。
2 二者有某些共通的观念和做法，比如对音乐和轮回论的推崇。

脱不开关系。1873 年秋，在新的巴黎生活里，兰波有着怎样的邂逅？我想象着“地狱”卡巴莱[1]的“古老过道”，它与兰波的住处如此之近；想象着大城市给出的无数选择，和这永不倦怠的想象力。一幅平庸的肖像——它或许正是在这几个月内，在第一香槟路近旁绘制而成——画出了兰波当时深深的忧郁，恰与《地狱一季》结尾的英雄气概截然相反。

无论从涉及层面还是时间跨度而言，兰波的经验都蔓延过这时间与精神的框架——从“通灵人书信”到“一个灵魂和一具肉体”里的“真实”——因为不清楚太多事实，我们不免会想得过于简单。如果要研究这些最后的散文诗，且不作出任何灾难性的预设，我们就必须把这“不解”之情牢记在心。

II

我们能确认的只有几个事实。

先是手稿的日期。运用对照法进行的手迹研究证实，大部分诗歌誊抄于 1874 年春，也就是《地狱一季》付梓之后的数月。正是在同一时期，兰波重新出现了。他和诗人

1 指蒙马特地区著名的卡巴莱夜总会。此夜总会于 1892 年开始营业，1950 年被拆除。

杰尔曼·努沃[1]一起待在伦敦。

这些诗作被誊抄于1874年，但不代表它们被创作于同一年份。其他几条更重要的线索似乎确定了其中一些的日期，且表明它们写于更晚的时期。批评家指出，《野蛮》（Barbare）、《童年》第I节、《城市I》和《城市II》似乎受到福楼拜（Flaubert）于1874年4月出版的《圣安东的诱惑》（*La Tentation de saint Antoine*）一书的巨大影响。人们注意到，在《黎明》（Aube）中，“wasserfall”[2]一词的使用可能跟他的德语学习有关，而兰波仅在该年年末的几个月里才开始认真地钻研德语。我尤其留意下述两个很难引起争议的事实。其中的一首诗作，《流浪者》，带着明显的超脱与间离，讲述了与魏尔伦的冒险(“可怜的兄弟！我欠你多少残忍的不眠夜！”)，它几乎不可能写于创作《地狱一季》时那更为激荡的数月之内。而在明显暗指《圣安东的诱惑》的《青春》中，其中一节题为“二十岁”（Vingt ans）。“这个夏天，世界开满鲜花！”兰波写道。难道他不是在1874年秋写下了这一片段？那时，福楼拜的小说已出版数月，他已届“二十岁”。

因此，至少有两首诗明显写于《地狱一季》之后。我

---

1 杰尔曼·努沃（Germain Nouveau，1851—1920），法国诗人。他曾频繁与魏尔伦和兰波所在的“诅咒诗人”圈子来往，一生过着游荡的生活，穷困而死。其作品大部分在死后出版，深为布勒东（Breton）等超现实主义者所赏识。1874年3月，他与兰波一起前往伦敦，并帮助兰波誊抄《彩图集》，最后独自一人于6月回到巴黎。

2 德语，意思是“瀑布”。

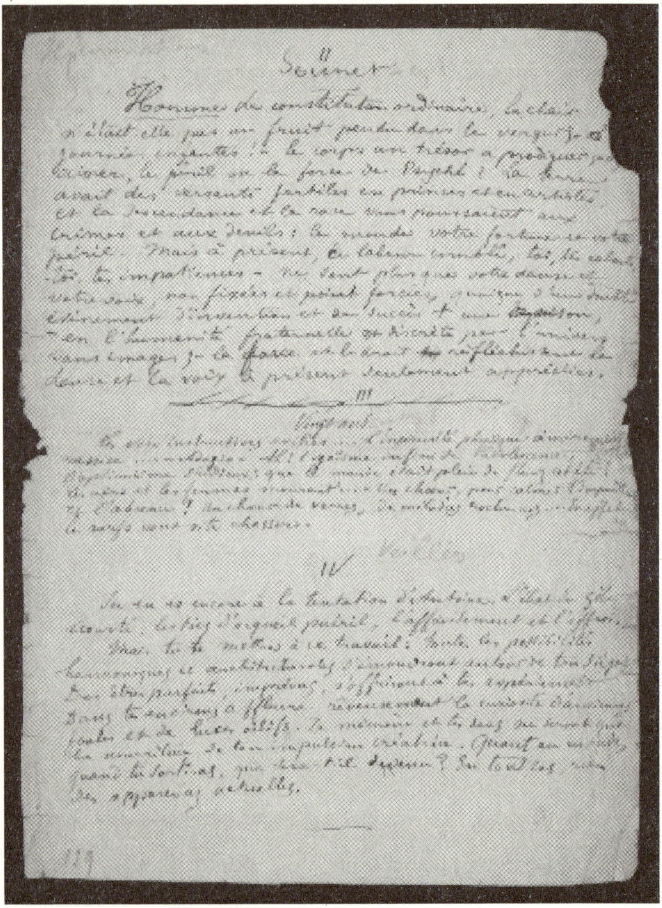

II

Sonnet

Hommes de constitution ordinaire, la chair n'était-elle pas un fruit pendu dans le verger ; ô journées enfantes ! le corps un trésor à prodiguer ; ô aimer, le péril ou la force de Psyché ? La terre avait des versants fertiles en princes et en artistes, et la descendance et la race vous poussaient aux crimes et aux deuils : le monde votre fortune et votre péril. Mais à présent, ce labeur comblé, toi, tes calculs, toi, tes impatiences — ne sont plus que votre danse et votre voix, non fixées et point forcées, quoique d'un double événement d'invention et de succès + une raison, en l'humanité fraternelle et discrète par l'univers sans images ; — la force et le droit réfléchissent la danse et la voix à présent seulement appréciées.

III

Vingt ans

Les voix instructives exilées… L'ingénuité physique amèrement rassise… — Adagio. Ah ! l'égoïsme infini de l'adolescence, l'optimisme studieux : que le monde était plein de fleurs cet été ! Les airs et les formes mourant… — Un chœur, pour calmer l'impuissance et l'absence ! Un chœur de verres, de mélodies nocturnes… En effet les nerfs vont vite chasser.

Veilles

IV

Tu en es encore à la tentation d'Antoine. L'ébat du zèle écourté, les tics d'orgueil puéril, l'affaissement et l'effroi.

Mais tu te mettras à ce travail : toutes les possibilités harmoniques et architecturales s'émouvront autour de ton siège. Des êtres parfaits, imprévus, s'offriront à tes expériences. Dans tes environs affluera rêveusement la curiosité d'anciennes foules et de luxes oisifs. Ta mémoire et tes sens ne seront que la nourriture de ton impulsion créatrice. Quant au monde, quand tu sortiras, que sera-t-il devenu ? En tout cas, rien des apparences actuelles.

119

《彩图集》手稿（《青春》第 II-IV 节）

们有理由认为，虽然他明确宣布放弃写作，但他还是重拾了诗歌创作。以此为前提，我将冒险作出几个假设。

首先，我从整本《彩图集》中选出三四首与《青春》紧密相关的诗，将它们归为一组，以便划分出兰波思想的某个决定性时期。《青春》是一首因暗指其生平而显得尤为重要的诗作。兰波回眸似已遥远的时光，与其他作品相比，他的意识似乎更为圆熟，甚至更为顺从。《生命》（第I节至第III节）与《战争》也有着同样的特点。每首诗里都有着同样难以止息的回忆和同样对“此刻”的执念，“此刻”在希冀与失败之间摇摆不定：“此刻，我是质朴的天空下、酸涩的田野上的一名绅士，试图通过回忆来感动自己：我想起了乞丐的童年、做学徒的日子或穿木屐到达的那日，想起了那些纷争、五六回鳏居，还有几次喜宴，因为头脑固执，我不能融入同伴们的欢乐。我不惋惜我曾分享过的神性喜悦：这酸涩的田野上的质朴气氛强劲地哺育了我残忍的怀疑主义。”（《生命》第II节）“此刻，光阴的永恒曲折与数学的无限将我逐出这个世界，在那里，我忍受一切的世俗成功，被奇异的童年与庞大的情爱尊崇。”（《战争》）“而此刻，艰辛的劳动已告完成，你啊，你的算术，你啊，你的焦躁［……］。”（《青春》第II节［“十四行诗”，Sonnet］）让我们停留在兰波自己体会到的“此刻”，试着厘清他的所思所想。

他还在《青春》里——或许更为清晰地——写道："种种算术搁置一边，天界无从避免的降临、回忆的造访和韵律的聚会占据了居所、脑袋和精神的世界。"这长诗的首句还沉浸在英式"周日"[1]的休憩中，"研究"尚未开始，我们可以认为，它汇集了或想要汇集某种思想的全部要素。这种思想或许并不前后一致，甚至自相矛盾：我们别试图太早理解它，而是要——比如说——将这些"算术"与散落在整组诗各处的别的暗指联系在一起。

于是乎，他在《青春》第II节中确认，"你啊，你的算术，你啊，你的焦躁"仅是"你们的舞蹈与你们的声音"，这正是形成"发明与成功的双重事件"的滥觞。

接着，我们在《青春》第IV节中读到："但你将开始这一工作；一切和谐与建筑的可能在你的座席四周翻腾。"在同样提到了"数学的无限"的《战争》里，一场"权利或强力的战争，出乎意料的逻辑之战"，被说成——似乎——"简单得就像一个乐句"。因此，我们再次想起《生命》第II节中的那段话："我是个发明家，我的功绩与以往所有发明家的截然不同；我也是音乐家，发现了某样东西，仿佛爱情的钥匙。"事实上，在上述每个段落中，所有文字都围绕着两个基本概念：其一，新的行动和"发明"；其二，和谐和创造和谐的算术。然而，这些概念仅被粗略

1 前一句引文出自《彩图集》中的《青春》第I节，该节即题为"周日"（Dimanche）。

提及，没得到费心的解释。《彩图集》没有表现出兰波对分析的执着，而后者恰是《地狱一季》的特征。

不过，假如我们此刻在《青春》第III节（“二十岁”）中读到“有教益的声音被放逐”，假如我们接受兰波也会谈起他行动中的失败，那么，另一首精神与风格均与上述整组诗相近的诗，也就是《贱卖》（Solde），便能帮助我们厘清这“发明”究竟为何物。“卖掉［……］，”兰波写道，“被修复的声音：唱诗班与乐队全部能量的友爱觉醒及其即刻的运用；释放我们感觉的唯一机会！［……］卖掉算术的运用与不曾耳闻的和谐的停顿。各种发现与无可置疑的终结可供即刻占有。”诗中的情景是兰波把所有希望贱卖出去。这首诗确可作为终结之诗，挖苦声中，残存的最后一丝轻信与力量灰飞烟灭。但正因如此，在黑夜带走他之前的某个时刻，我们也看到了他所期盼之物在闪耀：“卖掉［……］躯体与声音［……］。卖掉超脱于种族、人世、性别、血统的无价躯体！”是否可以说，它是神性的新化身，是“犹太人所不曾卖出的”，现今“被诅咒的爱情”和效忠于善恶的“大众地狱般的正直”只会将它无视？

“声音”、“觉醒”，兰波用这些词是否表示人类的境况将以交响乐的形式得以完善？是否表示蕴含的可能性从本质中有节奏、连贯、舞动地解脱出来？是否表示这“钟声”（carillon）[1] 得到了关键的修复？奥菲莉娅，这满腔焦虑的时代见证者，曾悲叹这钟声在哈姆雷特身上失了调。

为了说服我们自己，为了彻底理解这些依旧晦涩的暗指，为了在兰波新思想的完整范围内与他相遇——为了找到这从未如此有活力、有创造精神的兰波——我们只需要阅读这首非凡的《精灵》（Génie），它是我们的语言中最美的诗歌之一，也是无论在语言还是别的层面最晦涩的诗歌之一。因为，与人们所说的不同，这迅疾的、荣光的存在，这让兰波写出“比失去的仁爱更亲切的骄傲”的存在，并不是基督。相反，他用他帝王般的活力，重温、阐明了我刚刚所引用过的诗歌中潜藏的所有概念与暗示。于是乎，“他的身躯！梦想中的释放［……］”重述、重申了“释放我们感觉的唯一机会”；“是爱情，是被重新发明的完美分寸”重述了爱情的“钥匙”与音乐的琴键；这整首诗就是一份热切的宣言，有着无尽的深度，有着新的和谐中“被修复的声音”。

《精灵》是直观的震撼一幕，是没有阴霾的幻象时刻，思想在其中完满自身。

带着迷狂状态中那愉悦、间断的活力，《精灵》在他

1 参见《哈姆雷特》（*Hamlet*）第三幕第一场，奥菲莉娅面对装疯的哈姆雷特说的话：“啊，一颗多么高贵的心就这样陨落了！［……］我是一切妇女中最伤心而不幸的，我曾经从他音乐一般的盟誓中吮吸芬芳的甘蜜，现在却眼看着他高贵无上的理智像一串美妙的银铃失去了谐和的音调，无比的青春美貌在疯狂中凋谢！”兰波的“钟声”则在《城市 II》中的盛大节日里出现：“爱情的节日在悬挂于木屋后的小河上喧响。狩猎的钟声在峡谷回荡。”

迅疾地通过时，在他让自己被隐约瞧见，但也能随时隐去身影时，在他真实存在的时刻，述说了这样一个存在，他再没有限制、没有地点与时间的残缺，因为他既是“现在”，亦是“未来”，是穿越真实空间的无限“旅途”；他是“永恒”——只要“永恒”一词指的不再是可被废除的神那与我们分隔的状况或他那永远潜在的状态，而是一种全然内在的能力，被赋予这一能力的任何人，都能在同一瞬间实现他全部的可能，从而逃离身体的异化；在每一瞬间里，这个存在都会在自由中、在即刻的占有中失去踪迹，他在现时的“自我”之外——还停留在这自我中时，兰波就明白“我即他人”——覆上了一层属于某种绝对的“他”的至上幸福。因此，这是一种远远超越我们现状的存在，但无论如何，我们不能将之视为神。因为，纵然他确实再度神圣化了世界，确实将它从晦暗中取出，并将它交还给欲望，纵然“他净化了饮食”，“让房屋向水沫的严冬与喧嚣的夏日敞开”，但这些也不过是吾等凡人便能做到的至高之举。纵然他确实在“风暴的天空与狂乱的旌旗”中、在我们的视阈以外显现，但我们要明白，这并非在超验与自然的边界上，而是在各个实存的界限之间，在生命保持着自由纯粹的部分之中，在这“彩图”般的苍穹之下，曾经，年轻的兰波的希望在此成形。“精灵”就在这里，兰波清楚地说到，只需要认出他、跟随他即可。倘若他当真如神一般向我们许诺，那也不过是人类可能性范围内的誓言——“啊，我们的健康带来的快乐，我们官能的躁动，自私的情爱和因他而起的激情”——道德桎梏的碎裂，将人的可能性交还给了“无限生命”的激昂的潜在性。我们可从我们的力量、智慧和官能中揣测到它。

我想起了米开朗基罗（Michel-Ange）的《奴隶》（*Esclaves*）[1]。他们是物质的囚徒，更是心理宿命的囚徒，只因软弱的自我怯于把欲望当真而动弹不得。兰波的“精灵”并非为人类转身的神，而是坚定转向绝对的人类，他在他的本质中完成“比远古的侵略更声势浩大的迁徙”——而这些侵略不过是历史中人类为了找到“真正的生活”所做的笨拙而盲目的努力之一。总之，他从克己转向行动、从异化转向在场、从律法转向自由[2]——他因而从悲惨转为悲剧，从人世之外的悲惨转为存在之内的悲剧。“噢，世界！新的不幸唱出的明净之歌！”通过这些无界限的词语，兰波将上述意思传递给我们。

在《精灵》中，他唤起了我所谓的我们荣耀的可能；如同在《太阳与肉身》中——总之，如同在他最初的“天真”

1 米开朗基罗为教皇尤里乌斯二世（Julius II）的陵墓创作了《反叛的奴隶》（*L'Esclave rebelle*）和《垂死的奴隶》（*L'Esclave mourant*）这两件雕塑，现存于巴黎卢浮宫。

2 参见热拉尔·德·奈瓦尔（Gérard de Nerval）《东方之旅》（*Voyage en Orient*）里的《阿多尼拉姆》（Adoniram）（“晨之女王和精灵们的王子苏莱曼的故事”［Histoire de la reine du matin et de Soliman prince des génies］）：他洞悉了大洪水前的秘诀，知道如何从一连串石头中刻出雕像；他区分低劣却富有创造力的种族跟祭司与侍臣的虚华世界；他也是孤独者，只接受示巴女王巴勒基斯的钦慕和他年轻的学徒贝诺尼的爱。——原注诗歌中——他决心再次眷顾人类的本质及其未来的预感，而非现存的事实及其悖谬，无论后者多么令人难以忍受。

III

我想，往后我们得坚定地投身这新的角度，将《精灵》与《地狱一季》、“骄傲”与“仁爱”，最终将两种爱的概念作个清晰的对照，以期理解这谜一般的行动的意义。

当兰波在《精灵》中写到，“他是爱情，是被重新发明的完美分寸，是不可预料的奇妙理性，是永恒：他是挚爱的机器，有着命中注定的品质”，我们是否可以认为，这永恒与宽宏的“理性”趋近于《地狱一季》结尾所说的“强烈的耐心”？

然而，兰波从未在《地狱一季》里谈论过这与人荣耀的潜在性水乳交融的爱。他反而定义了一种仁爱，那是对如其所是的存在与事物的爱，处于尘世“坎坷不平的现实”中，无限远离他所特意斥责的“超自然的力量”、“节日”和“胜利”。这一概念若非全然属于基督教，至少也受耶稣话语的决定性支配。

而另一种爱则是《精灵》中的底色与潜藏的形而上学，因为诗中出现的“理性”、“分寸”和“挚爱的机器”展现了非常明确的世界图景，即希腊思想的宇宙：其中的善等同于分寸，世界的灵魂等同于星辰永恒而严密的机械式运转，爱等同于在感性王国的深处对普遍理性与数字的无限和谐的再发现。“理性”是《彩图集》的最后一个词，我们并非要歪曲它的意义，而是要在其中听到善的召唤，这种善跟秩序、现实和美密不可分。在与《精灵》相近的《致一种理性》中，他写道：“你的手指在鼓上一击，释放出所有的声音，开启新的和谐。”这即是说，理性作为构造组织的力量，与感知的原初材料相对。《精灵》所命名的爱，难道不是——“爱也推动那太阳和星辰”[1]——驱动太阳与星辰的灵魂？在它们有规律的运转中，这些星体正是一切之中，甚至是我们的才能与命运之中的至高理性——“挚爱的机器，有着命中注定的品质”？

无论如何，在这样的思想中，律法不再是道德桎梏，不再是善与恶的闺女——兰波曾为她吃过多少苦头。律法成了秩序与节制的倒影，成了分寸，成了对心智本质的共享——我们知道，希腊语中的法律一词“nomos”，同时也表示状况或音乐中恰如其分的和谐——我定义《精灵》的底色，不过是为了指出，这首诗明确反对“古老的匍匐拜倒”，反对强调罪恶的基督教宇宙。

不过，模棱两可之处依旧存在。在这首决心、介入和未来之诗中，不是所有元素均来自“希腊”，也并非所有的希腊元素都汇聚于此。在它焦躁的活力中，我们不会找

1 但丁（Dante）《神曲 · 天堂篇》（*La Divina Commedia. Paradiso*）的最后一句。

到希腊哲学的超脱性建议，这种哲学只用几句箴言作为结论。如果说，在《精灵》中，晦暗的既定被转化成了自由与荣光，那么，完成转化的却并非冥思，而是行动，仿若一阵暴风摧毁了天空完美的静止状态，迫使万物去接受存在的涌动。如果要将《精灵》维系在古希腊视角中，我们或许应该将之与毕达哥拉斯主义或俄耳甫斯教的概念相连，这两种宗教性的思辨均建立在神秘与救赎的理念之上。《精灵》说理性与天性只为人类而存在。我们最深的忧虑与秩序的天空无关。事实上，兰波吸收了太多基督教的存在式思想，以至于无法忘怀自身的范畴。正是在希腊式宇宙与人类中心的救赎梦想这两者极度动态的综合中，在更接近荣耀的基督而非本质的序列[1]之处，我们才能摆正、理解他的理想。

总之，我们能够且应该将此作为这一小组诗的理念而加以确认的，是一种天然的和谐，在这之中，原罪消失了，“另一种爱情”，即仁爱的苦难之爱，也因此消亡。往后，从人迈向神的那一步，只是从潜在到现实的一步。不需要灵魂的历史、过去的错误和未来的赎罪，不需要任何愿意或不屑离开天国的神。只有在被充分体验的瞬间之深度中，我们才能重新发现我们内在的神性：“他不会远去，不会从天而降，不会赎回女人的愤怒、男人的欢乐，以及所有

1 即新柏拉图主义哲学家普罗提诺（Plotin）所提出的序列。

这些罪。”“梦想中的解放”、“形式与行动”的“可怕的迅疾”只来自“更激越的音乐”。现在，兰波对“唱诗班与乐队全部能量的友爱觉醒”、对爱的音乐之琴键所作的暗示，终于明了。如所有创造物一样，能够歌唱的言说主体都是潜藏着的音乐。只有靠他自己，才能通过创造一种完全务实的真知，来唤醒仍然沉默的“声音”。我们看到，写出《精灵》的兰波再不是通灵人。在兰波眼中，现实永远带着韵律的本质，但他不再相信诗人需要成为“可怕的劳动者”，在狂喜地揭露未知之物时“爆裂”、耗尽心神。韵律与未来是可抵达的完美，能解放它们的，不再是暴力，而是一把“钥匙”[1]。

IV

如此一来，有关介于“通灵人书信”与《地狱一季》成书之间的兰波思想，我只能给出极不精确的描述，但无论是兰波初次住在巴黎时心碎的迷狂，还是之后他在仁爱中寻求的救赎，都与这生命的补完行动截然不同。围绕《精灵》与《贱卖》组成的上述诗歌将这种行动与和谐的复苏划上等号。从《精灵》到《贱卖》，从希望到失败，存在一项独一无二的计划，或许是一个确切的事件，为了理解兰波作品的最终面向，我们必须把这一事件置于他的思想

1 如前文注释所说，在法语里，“钥匙”与“琴键”是同一个单词：clef。

脉络中。这真是个难题，我们不能因为概念不同，就推断它们分属于不同的时期。一位作家可以在同一时间听从两种相反的直观，在其中一种可预见的失败之前，他便已打好了另一种的智识基础。因此，他可以同时推进两种经验，同时创作《彩图集》与《地狱一季》的某些段落。虽然兰波在领悟诗歌时，就像他在自我考验随后探索研究时一样旗帜鲜明，但我们不能忘记其中不同趋势的同时性，因为这是他衡量自身对现实的关注的一种尺度。或者说，纵然是《精灵》里的那些暴烈的瞬间，也只能在须臾间掌控意识，也只能稍稍中断我不久前讨论过的、《地狱一季》以此作结的“仁爱”计划的流程。

不过，我在上文所引的这组诗歌彼此如此协调，“二十岁”的坐标也让我们将它们的创作时间集体推迟到1874年的秋季；而从更辩证、更迅捷的《地狱一季》到这些复调诗歌，兰波的表达方式也日显成熟。撇开上述两者，我们还发现，在《精灵》的指引下，在它的概念的照耀中，某些《彩图集》里的作品似乎出现了出离于《永别》的演变。

首先便是《洪水过后》。《彩图集》最重要的手稿残篇以这首诗起头，我很惊讶，竟无一人强调过兰波在其中对过往的否定。而这过往指的只能是《地狱一季》——从这个角度分析，它将变得多么简单啊！“洪水过后”（在毁灭一切的意念来临和离去之后），万物复生，“海狸筑

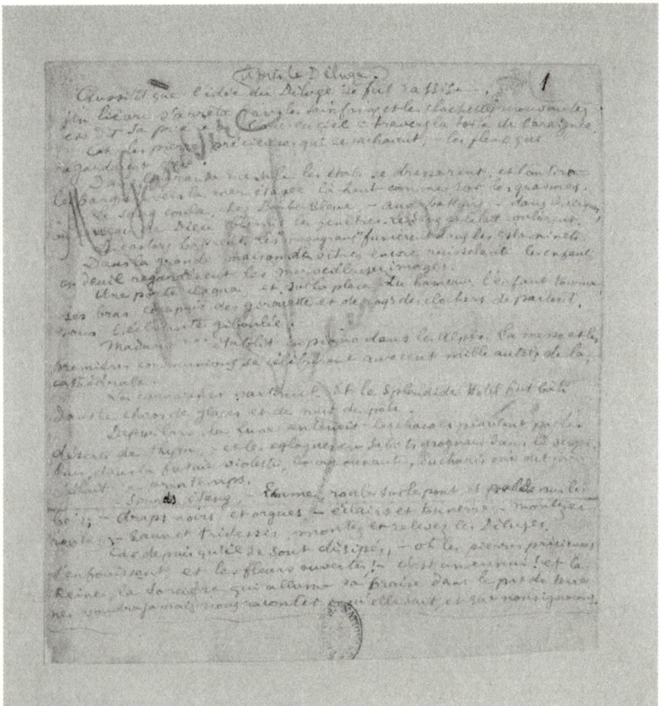

Après le Déluge

《彩图集》手稿（《洪水过后》）

巢”，“沙漠商队出发”，春日的喜讯传来，但自第一个字起，这看似的喜悦中那意料之外的迟疑便引起了我们的注意。“洪水的意念刚刚止息，一只野兔停在黄芑与摇曳的铃铛花间，透过蛛网，向彩虹致敬。”这是兰波写过的最矫饰的诗句；如同所有其他矫饰的表达一样，它透露着谎言；而谎言很快被看穿了：“噢，那些藏匿着的宝石——花朵已睁眼观望。”由本诗的最后一段可见，花朵“睁眼观望”指的是它的开放与枯萎。刹那间闪耀纯粹的现实旋即褪色，回到一贯的悲剧状态——在“高处”的大海——“在窗玻璃依旧潺潺流动的大房子里”，孩子们必须再度向“美妙的图像”呼救，希望它们带回脆弱的异象。随后，兰波陡然间坦承了他复发的焦躁：“涌起吧，池塘；泡沫，漫过桥梁，淹没林地；——黑毯与管风琴，——闪电与雷鸣，——升腾吧，翻滚吧，——大水与悲愁，让洪水升腾、暴涨。”这洪水究竟为何物？它是“悲愁”的后果，还是否定、反叛之精神，即“通灵人书信”所宣扬的、《地狱一季》的序诗重提的对人类全部秩序的暴烈拒斥？“我召唤了洪水”[1]，兰波在《地狱一季》中呼喊。他还写到，他将宝藏托付给了“女巫”[2]，而在《彩图集》起首诗的结尾，

1 出自《地狱一季》中的序诗。

2 参见《地狱一季》中的序诗：“女巫，灾难，仇恨，啊，我的珍宝财富都交付给你们了！”

我们再度看见女巫被爱戴、被恳求[1]。

兰波（1873 年，加尼耶 绘）

兰波在写作《地狱一季》时催促洪水赶紧到来，如今洪水退去后，随之而来的并非与存在缔结新同盟的“彩虹”，而是“烦闷”。我想，《洪水过后》保留了 1873 年秋的回忆，在阿尔弗莱德 · 让 · 加尼耶所画的肖像[2]上，兰波的忧郁是多么明显。他很快便失去了期望中的“强烈的耐心”。他记起，他曾依靠否决与骄傲来维持质疑显象的秘技，他准备再次寻找“皇后，在土罐中燃烧炭火的女巫”——引发幻觉的毒品。他还准备着一切新的邂逅、一切新的精神之旅，正如《童话》（Conte）中那样：性格暴烈却什么都摧毁不了的王子——在憧憬与忧郁间摇摆不定的神秘男子——遇见一位精灵，精灵向他许下一个隐秘的诺言，在“本质性的健全中”，他们双双而亡。

我已说过，兰波 1873 年 10 月至来年春季的人生没留

1 参见《彩图集》中的《洪水过后》：“皇后，在土罐中燃烧炭火的女巫，永远不会向我们透露她的秘密。”

2 加尼耶（译按：阿尔弗莱德 · 让 · 加尼耶［Alfred Jean Garnier，1848—1908］，法国搪瓷艺术家、画家）画作上的时间（1873 年）显然比兰波手稿上的时间（1872 年）更具说服力。我认为这幅肖像完成于 1873 年秋，那时是兰波自 1872 年 6 月以来初次回去巴黎，他或许又住进了第一香槟路。——原注

下任何记录。这段时光给了他怎样“经典的科学”、怎样“不曾耳闻的奢华”，现已无人知晓。

不过，《彩图集》的其中一首描述了一段震撼的探索体验，与《童话》和《精灵》中的“本质性的健全”相近，或许现在正是我们一窥究竟的时候。我将要着手讨论的《沉醉的清晨》，尤其与《精灵》有着不少相似之处。“未闻的作品”、“奇美的肉体”再度出现。与精灵的承诺——“让这些迷信、这些古老的肉体、这些家庭与时代统统见鬼去！”——相对应的，是“为我们被造出的肉体与灵魂许下的超凡诺言：这种诺言！这种疯狂！优雅，科学，暴力！人们许诺将善恶之树埋葬在阴影中，驱散对专制的忠诚，以便让我们获得最纯洁的爱情”。基督教的伦理之外，还存在着未来充满力量与荣光的理念。不过，《精灵》致力于在绝对之中描绘什么将是或可能是深邃的生命；与此不同，《沉醉的清晨》是奠基之诗，描述的是让兰波得以宣告誓言的事件。“小小的迷醉之夜，神圣的！”“第一次”，在“极度粗俗”过后，肉体变得“奇美”，一种“方式”被发现。这奠基的事件的诸多面向虽未被真正提及，却能在试图捕捉瞬间的狂热写作中被轻易觉察。一边是军乐，即便不是真正的音乐，至少也是神秘与音乐的亲和力。“在残暴的军乐中我不会踉跄！”兰波写道。我们想到了“在更激越的音乐之中，所有翻腾、喧嚣的痛苦随之消亡”

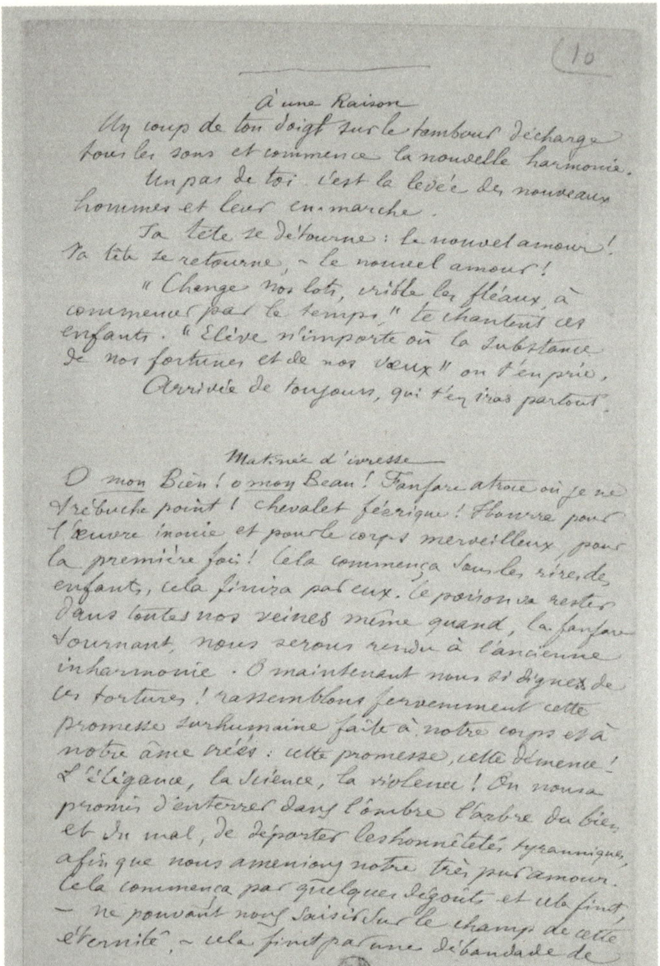

10

À une Raison

Un coup de ton doigt sur le tambour décharge tous les sons et commence la nouvelle harmonie.

Un pas de toi, c'est la levée des nouveaux hommes et leur en-marche.

Ta tête se détourne : le nouvel amour ! Ta tête se retourne, — le nouvel amour !

« Change nos lots, crible les fléaux, à commencer par le temps, » te chantent ces enfants. « Élève n'importe où la substance de nos fortunes et de nos vœux » on t'en prie.

Arrivée de toujours, qui t'en iras partout.

Matinée d'ivresse

O mon Bien ! ô mon Beau ! Fanfare atroce où je ne trébuche point ! chevalet féerique ! Hourra pour l'œuvre inouïe et pour le corps merveilleux, pour la première fois ! Cela commença sous les rires des enfants, cela finira par eux. Ce poison va rester dans toutes nos veines même quand, la fanfare tournant, nous serons rendu à l'ancienne inharmonie. O maintenant nous si dignes de ces tortures ! rassemblons fervemment cette promesse surhumaine faite à notre corps et à notre âme créés : cette promesse, cette démence ! L'élégance, la science, la violence ! On nous a promis d'enterrer dans l'ombre l'arbre du bien et du mal, de déporter les honnêtetés tyranniques, afin que nous amenions notre très pur amour. Cela commença par quelques dégoûts et cela finit, — ne pouvant nous saisir sur le champ de cette éternité, — cela finit par une débandade de

《彩图集》手稿（《致一种理性》和《沉醉的清晨》）

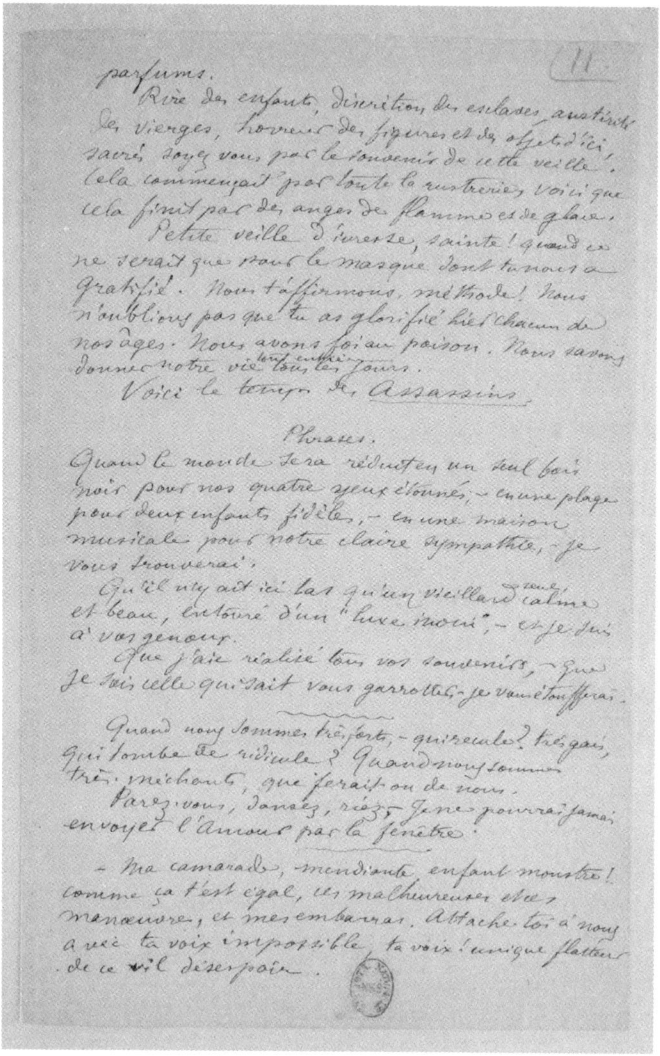

11

parfums.

Rire des enfants, discrétion des esclaves, austérité des vierges, horreur des figures et des objets d'ici, sacrés soyez-vous par le souvenir de cette veille. Cela commençait par toute la rustrerie, voici que cela finit par des anges de flamme et de glace.

Petite veille d'ivresse, sainte! quand ce ne serait que pour le masque dont tu nous as gratifié. Nous t'affirmons, méthode! Nous n'oublions pas que tu as glorifié hier chacun de nos âges. Nous avons foi au poison. Nous savons donner notre vie tout entière tous les jours.

Voici le temps des Assassins.

Phrases.

Quand le monde sera réduit en un seul bois noir pour nos quatre yeux étonnés, — en une plage pour deux enfants fidèles, — en une maison musicale pour notre claire sympathie, — je vous trouverai.

Qu'il n'y ait ici bas qu'un vieillard seul, calme et beau, entouré d'un "luxe inouï", — et je suis à vos genoux.

Que j'aie réalisé tous vos souvenirs, — que je sois celle qui sait vous garrotter, — je vous étoufferai.

Quand nous sommes très forts, — qui recule? très gais, qui tombe de ridicule? Quand nous sommes très méchants, que ferait-on de nous.

Parez-vous, dansez, riez, — Je ne pourrai jamais envoyer l'Amour par la fenêtre.

— Ma camarade, mendiante, enfant monstre! comme ça t'est égal, ces malheureuses et ces manœuvres, et mes embarras. Attache-toi à nous avec ta voix impossible, ta voix! unique flatteur de ce vil désespoir.

《彩图集》手稿（《沉醉的清晨》和《片语》）

（《精灵》），以及《贱卖》、《战争》和《青春》中所有对音乐的暗指，音乐与“释放我们感觉的唯一机会”——与新的“健全”——相连。

另一边，则是“毒药”。“我们信奉毒药”[1]，兰波写道。他还说：“毒药仍将留在我们的血脉中，即使军乐转调，我们也将归于古老的不和谐。”[2]最后他说：“这是刺客的时代。”[3]这回没有任何含糊其辞，一个秘密将被传递出去。

因为——我不是第一个这么想的人[4]——这些刺客（assassins）只会是阿萨辛（haschischins）[5]，他们也“懂得随时彻底奉献生命”，因为他们向山中老人发誓效忠，后者免除了信徒们守法的责任。如果兰波知道西尔维斯特·德·萨西提出的词源假说[6]，这又有什么奇怪？他只需要阅读波德莱尔《人造天堂》（*Les Paradis artificiels*）里的《印度大麻之诗》（Le poème du Haschisch）即可，而我们确知他曾经读过。此外，一旦提出这个毒品的假说，整首诗都

1 出自《彩图集》中的《沉醉的清晨》。
2 同上。
3 同上。
4 莫里斯·萨耶（Maurice Saillet），《在那耳喀索斯之路上》（*Sur la route de Narcisse*），巴黎：法国信使（Mercure de France），1958年，第127页及之后。——原注
5 中古时期活跃于阿富汗至叙利亚山区的穆斯林异端教派，以暗杀组织闻名。据传，它的创始人向崇拜者分发印度大麻，使其上瘾后再把他们训练成杀手。他们的首领被尊称为山中老人。
6 西尔维斯特·德·萨西（Sylvestre de Sacy，1758—1838），法国东方学家、语言学家，曾进入法兰西公学院担任波斯语教授。他认为“印度大麻”（haschisch）和“刺客”（assassin）系同一词源。

变得明了起来。“一切都始于几分厌恶”[1]，兰波写道；而波德莱尔在描绘印度大麻的作用时，说起过“某种排斥和短暂的恶心感”[2]。“一切从孩子们的笑声开始”[3]，兰波记录道；而波德莱尔则写过荒唐的、不可理喻的爆笑，用他的原话来说，便是“孩童欢悦的最初阶段”[4]。波德莱尔还暗示过一种“极度的清爽感受”[5]，这完全可被用来解释《沉醉的清晨》里的“冰与火的天使”，以及《彩图集》的其他诗里诸多关于寒冷与冰冻的表达（“睡梦清新[……]”[6]）。兰波吸食鸦片的另一项证据，是鸦片又出现在其他的诗中。我们无须掌握“刺客”一词这把钥匙，便可围绕《沉醉的清晨》拼出一组要么说明、要么描绘印度大麻吸食者幻觉的文本。例如，《H》（H）一诗，可与《沉醉的清晨》逐字对照相似之处。还有《通俗夜曲》（Nocturne vulgaire）、《美的存在》（Being Beauteous）、《焦虑》（Angoisse）、《古意》（Antique）、《野蛮》等，在此不一一列举。在这些印象主义的、流动的记叙中，我们能轻易找出反复出现的幻觉元素，尤其是变了形的壁炉这一意象。“一阵风吹散了壁炉的界线。”（《通俗夜曲》）——“黑色壁炉中燃烧的木柴，沙滩上真实的阳光[……]。”（《守夜》）——“炭

1 出自《彩图集》中的《沉醉的清晨》。
2 出自《人造天堂》中的《印度大麻之诗》。
3 出自《彩图集》中的《沉醉的清晨》。
4 出自《人造天堂》中的《印度大麻之诗》。
5 同上。
6 出自《彩图集》中的《守夜》（Veillées）。

火，撒向冰雪狂风，——温柔之乡！熊熊火焰扑向钻石的风暴——出自永远为我们燃烧的人间心灵。——噢，这世界！——（远离人们听到、感受到的古老隐居地、古老的火焰）[……]。”（《野蛮》）在这最后一首诗，也就是《野蛮》之中，“远在岁月流逝与季节轮回、生命存亡与王朝兴衰之后”，兰波成了华丽“大宅”的住客，完成“光荣退隐”，在孤独中，他学会借用古老的毒药——“噢，温柔之乡，噢，世界，噢，音乐”——萃取出一个世界。

《沉醉的清晨》里的“毒药”指的无疑是印度大麻。似乎，一切都通向这一根本的问题：印度大麻如何与音乐相联系，成为所有诗歌公认的“方式”？我们可以作出假设——而我对此深信不疑——《彩图集》里的这些印度大麻之诗跟《精灵》、《贱卖》和《青春》太过相似，它们也太过显然是《洪水过后》里的“烦闷”所唤起的结果，因此，它们不可能是《地狱一季》完成后那几个月的作品。

V

现在，或许是时候提醒大家，兰波很早便有了吸食大麻的经历。德拉艾在《亲朋回忆》中证实，自 1871 年秋入住巴黎的头几个月起，他的朋友便开始吸食印度大麻，但兰波只瞧见了白色的月亮与黑色的月亮，他甚至没好气地说这是“着实失败的人造天堂”。1872 年的诗歌里并未出现任何吸食印度大麻引发的异象，由此可见，虽然兰波持续服用毒品，但他仅将其视作“理智地扰乱”的方式之一。它唯一的功用是摧毁显象的帝国，但兰波并未特别沉溺在某个幻象中。更不明确的是他与魏尔伦共度的数月间吸食印度大麻和英国鸦片的含义。毫无疑问的是，他在巴黎的毒品体验得以延续，甚至变本加厉。伊莎贝尔曾目睹，1873 年来到罗什的兰波有着种种颇为严重的中毒迹象。因此，评论者有时会得出结论：《沉醉的清晨》所表现出的激情有着这一时期的印记。不过，虽然兰波在《流浪者》里写道：“就在窗外，我幻化出一片郊野，演奏稀世音乐的乐队穿行而去，这些未来的夜的华彩的幽灵。”但他又飞快地补上一句：“这朦胧的健康消遣之后［……］。”这与“小小的迷醉之夜”中欢庆胜利的语气大为不同。

我认为，兰波在长时间内并不喜欢印度大麻。他固有的现实主义想必让他厌恶毒品带来的幻觉。他在《地狱之夜》里严厉地戳穿了它的谎言：“教唆我去犯错误，魔法，假香料，童稚的音乐，够了［……］。”兰波还在《野蛮》里说道：“血肉淋漓的旗帜竖立于丝绸一般的海面和北极的花丛（那时并不存在）。”对想要在现实中建立“真正的生活”、寻回“太阳之子”状态的人，瞬间的仿造天堂有何价值？出于诚实与希望，我们宁可待在永不止息的欲望的地狱，尽管有位邪恶的精灵说，火“是卑劣的”，怒火也“极其愚蠢”。这位“亲爱的撒旦”想平复幻觉，让残酷的觉醒到来，以此加倍折磨我们。

不过，毒药带来的幸福有两个面向，它能诱惑对幻觉最具敌意的灵魂。

《沉醉的清晨》最叫人诧异的，是其中没有任何对外在世界的改变的参照。“噢，我的善！噢，我的美！”兰波写道。他强调了两个主有形容词，即是说，从诗的第一句开始，他便表明：与体验有关的，首先是他自己，是他与他自身的关系。他谈到“奇美的肉体，第一次”，谈到“为我们被造出的肉体与灵魂许下的超凡诺言”，同时暗示古老的粗俗，所有这些都证明，这回，印度大麻对受苦与焦虑的“我”起了特定的作用。兰波突然用另一种方式看待自己。即便他不会忘记，这一切稍纵即逝，“军乐转调，我们也将归于古老的不和谐”，他却没有因此把这新的视角当成幻觉。为何？因为他对毒品的看法与他的哲学起了同等程度的改变。只要他还在外在世界的颠覆中寻求“真正的生活”，那印度大麻便给不了他什么。但如果他转而认为人是无数权力与辉煌可能的光簇，是潜在的完美，他便预备好在迷醉的另一种状态中找寻机会，在自己受启示的身体中，亲眼一窥将要到来的完满。人的现实若是被堕落的实存那有害的昏睡遮蔽的诺言，那这能够削弱太过日常的眼光的毒品为何不能向更清醒、更自信的意识敞开？

阿萨辛——波德莱尔口中的“人神”（l'Homme-Dieu）——便有如此领悟，他能感受到他的“精灵”。虽说不能“立即在这永恒中捕捉自身”[1]，但他仍有权将其诠释为一场真实的神启，并试图通过一切可帮他解读和开启和谐的方法来完成它。在这一点上，我们自然再度与音乐接触。在音乐中，也栖息着“不可预料的绝妙理性”，它是星辰与人的魂魄。即便印度大麻容不下智慧——似乎，它的功效便是将感官的迅疾和直观的丰富加至极限——它也能成为《贱卖》中所说的“唱诗班与乐队全部能量的友爱觉醒”，成为“释放我们感觉的唯一机会”，成为爱的复始。

在数字的哲学或神秘中，音乐始终有着极其重要的地位。柏拉图在《蒂迈欧篇》（*Timée*）中说，和谐是灵魂的盟友，它将我们身上紊乱的周期运动变得统一、有序。[2]我们知道，在毕达哥拉斯主义与俄耳甫斯教中，音乐与迷狂有着更具创造力与活力的联系。其目的是通过音乐来认识居于我们体内的神性存在，也因而能改变命运——我们还记得在《印度大麻俱乐部》里，戈蒂耶证实，在他朋友尝试的体验中，音乐有多么重要。我假设：兰波也在他潜心的研究中将音乐与毒品联系起来，以此唤起精神之力。“被

1 出自《彩图集》中的《沉醉的清晨》。

2 “天体是可见的；但灵魂不可见。灵魂内涵了理性和和谐。它是根据永恒智慧的本性所造出来的最好的东西。”（柏拉图：《蒂迈欧篇》，谢文郁译，上海：上海人民出版社，2005 年，第 24 页）

修复的声音”、“不曾耳闻的和谐的停顿”和“和谐的迷醉”[1]，不过暗示了这一尽可能具体和严谨的“工作”：在印度大麻的澄净之中，他请求鸾乐的和鸣为我们揭示我们的本质；音乐代替了心理与伦理的因果论，因为后两者把我们束缚在以罪过为核心的宇宙里，须臾间，这一韵律的真实将我们带回自然的生成中。

为了让兰波最后的计划彻底明了，现在我将分析他最重要，也最费解的一首诗：《运动》。这首诗中的一切——我们不是再次看到了“和谐的迷醉”与“古老的野蛮”？——都与我在上文讨论过的《彩图集》中的诗歌相近。

运 动

河岸上的蜿蜒运动，一旁的江流坠落，
船尾的深渊，
陡坡的迅疾，
急流的澎湃，
以未闻的闪光
与技术的新奇
引领被山谷的旋风
与漩涡裹挟的旅人。

他们是世界的征服者，

1 出自《彩图集》中的《运动》（Mouvement）。

寻求着个人的化学资产；
体育和舒适与他们同行；
这艘巨轮上，他们统领着
种族、阶级和禽兽的教育，
在洪水时代的光芒中，
在埋头苦读的可怖夜晚，
休憩、晕眩。

因为，从仪器间关于鲜血、花朵、火焰、珠宝的闲谈，
从这逃逸的船舷上激烈的计算，
——我们看到，翻滚着，仿佛一座大坝，在汹涌的水路之上，
奇形怪状，无尽地发光，——和他们学识的库存；
他们被逐入和谐的迷醉
和探索的英雄主义之中。

在最叫人诧异的大气事故中，
一对年轻人独坐在方舟上，
——这就是人们所宽恕的古老的野蛮？
他们唱着歌，守候着。

“坠落”、“急流的澎湃”、“汹涌的水路”有着明显的含义：这些物质显示出了潜在的能量，这些无尽力量的运转将由“世界的征服者”，即度过“埋头苦读的可

怖夜晚”的数学家与物理学家操控。“休憩、晕眩”，精准的列式与无尽的实践应用——《贱卖》中的“算术的应用”——科学将让物理世界的法则成真。科学还是承载人类命运的“巨轮”，即革新的未来的新“方舟”。确实，即便兰波觉得科学“过于缓慢”，但他始终为它重组自然与社会元素的无尽能力而着迷。

不过，能解释最后四行诗的，并非正常意义上的科学。“一对年轻人”，我们要把他们与兰波提到的、带有启示和迷醉意涵的其他双人组合加以对比：当然有《王权》中的男女、《童话》中的王子与精灵、付出爱的人与被爱的人。而焦虑的意识与它潜在的荣耀在“古老的野蛮”之外相遇，这场相遇预示和筹备着这些双人组的显现。兰波幻想中的最后一艘船上，重又出现了与他人分离的独特存在，他也想改变主观现实和人跟自身的关系。事实上，兰波从未将科学进程与音乐思辨相对立。因为统治可见的世界与生命的运动的，是同一种理性，所以科学与音乐这两项事业自然相仿；它们都释放出一种能量、一种“新奇”、一种闪光。顺此逻辑，其中一样可成为另一样的隐喻，并在自身“未闻”的进程中，为其保留一个位置。只有它们之间的协调才能造出这第二艘方舟，这方舟不仅将拯救一整个社会，还将拯救它储存着的力量。然而，若说科学是臣服于时间的集体创造，那么对人类的改造则是个体的事业，它甚至排在对自然的改造之前。在方舟的甲板上，新的诗人孑然而立，“唱着歌，守候着”，让其他人至少能够看见他，能够想象出一个未来。

显然，兰波和谐计划的一个面向，便是让民众听到一个承诺，便是在社会上开始传播这新的乐观主义。“你迈进一步，”他对着奠基“新和谐”的“理性”说，“就有新人崛起，向前奋进。”[1] 正如他在《青春》中所言，思考“舞蹈与声音”，所需要的是“力量与权利”，我们要打着它们的名号，起身反对“子孙与种族”——从基督教祖先那里遗传而来的心理与伦理的异化——发动《战争》里宣告的第一次的绝对战争:“一场战争，权利或权力的战争，一场出乎意料的逻辑之战。”兰波在《铁匠》中酝酿出的社会反思，在巴黎公社的考验下日渐成熟，在《地狱一季》里被暂时搁置，但或许并未被彻底遗忘。这种反思在此处收获了一个形而上的结论，诗性体验的需求在这里被以一种特别的方式表现了出来。

VI

读者会以为我在描绘一位力图通过创造某个乐器琴键上的和弦来改变人类天性的兰波吗？若真如此，你们便混淆了理念与它的真正实践，混淆了一个计划的最初时日与

1 出自《彩图集》中的《致一种理性》。

或许从未被执行的“工作”。

在《东方之旅》中，热拉尔·德·奈瓦尔写道：“印度大麻使人与上帝同等。[……]迷醉模糊了肉体的眼睛，却明亮了灵魂的双眸；精神，从肉体——这笨重的狱卒——中解放，像囚徒般逃走，看管他的守卫在熟睡，留下了地牢门的钥匙。他在空间与光亮中欢愉自由地游荡，与他遇见的精灵亲密交谈，在精灵突然带给他的动人启示中目眩神迷。稍一振翅，他便穿过无比幸福的空气。这些都发生在似乎永恒的一分钟内，这些感触多么迅猛地接踵而至啊。”[1] 兰波将奈瓦尔的某些印象，甚至某些字词搬到了《精灵》之中。他同样借鉴了他对吸食印度大麻者的看法：他们的精神寄托有着既虚妄又薄弱的真正本质。

吸食印度大麻者梦见思想，而非实践思想。兰波从不过久地欺瞒自身的诚实，他不会发现不了这一点。

无论如何，《彩图集》显然也成了对失败的体认。在《沉醉的清晨》或《精灵》等愉悦之诗侧旁，其他的作品虽然也以和谐之举为重，但却流露出一丝踟蹰，甚至公然宣布所有希望的流产。兰波在《焦虑》中写道：“她能帮我宽恕自己一次次被粉碎的野心吗？——轻松的结局是否能修补贫困的岁月，——成功的一日，难道能消除我们命定的笨拙与耻辱？”他害怕“使我们学乖了的吸血鬼”不

1 出自《东方之旅》中的《印度大麻》（Le hachich）（“哈卡姆哈里发的故事”［Histoire du Calife Hakem］）。

再乐意牺牲他们引诱的猎物以自娱。同样，在《王权》中，尽管有着“神启与考验的终结”，尽管这对男女每天在日光中重逢，我们却能预见，夜晚将夺去只属于清晨的真理。最后，我们已经讨论过《贱卖》中的弃绝。我们可轻易把这首诗理解成对不可能实现的志向的廉价大甩卖。这些志向的理念或许是好的；多亏了“各种发现与无可置疑的终结”，我们也可“即刻占有”其余时候无法获得的权力。然而，我们沉睡的心智拒绝了这种捕捉。正如他在《童话》中的结论里所言，“我们的欲望缺乏智慧的音乐”。

在这音乐的幻梦里，兰波一定愤恨地辨识出了他在出发去非洲前便已预见到的《地狱一季》中的“躺在沙滩上昏昏入睡”[1]；而在他最后的作品里，他也一定认出了他早已宣告过的“几分姗姗来迟的怯懦”。

无论如何，他拒绝“智慧的音乐”的征兆之一，是他对现实的执念在许多首诗中以终结的、完成的形式复归。自二十岁后，这一执念将把他的人生框定在命运不祥的界限之中。1874年秋的周日，他所忧心的，不是“韵律的聚会”，而是“回忆的造访”，他甚至写到，回忆在一瞬间中断了他的“研究”。不过——这正是失败的迹象，或对失败的供认——这些回忆均与他意识中的最初时光有关，那段时光对他的未来有着决定性的影响。

1 出自《地狱一季》中的《坏血统》。

“河岸边的儿童扑灭厄运”，他这么写道。他也是这些孩子中的一位。童年创造出一次神秘的机遇，却又失去了它，这才是无可修补的现实。我想再引用一次这段美妙的诗句，它如此悲恸地表达了兰波那些无止境的疑问：“体质正常的人，肉体不正是园中累累下垂的果实，噢，孩童的白昼！肉体，可供肆意挥霍的财宝；噢，爱，是普赛克的危难，还是力量？”在《青春》的最后一部分里，他还写道：“你还在受着圣安东的诱惑。”当他在印度大麻的幻觉中重新创造宇宙“厄洛斯”的力量时，困扰他的始终是一个人对另一个人的最卑微的爱；正如《醉舟》的结尾，他所欲的，是“欧洲”——这属于最平凡之人的世界——之中的一个位置，因为这个位置是分配给他的，能确保他收获爱情。如今，他已届“二十”，这种欲望与遗憾只会越发沉重。因为，随着“身体的纯真苦涩地平息”[1]，或许，重新创造爱情的机会已经随着童年的纯真永远消逝。兰波的精灵，这能量、这急迫，首先是（我已经提到过）在一切太迟之前——这一刻很快便会到来——他重新创造爱之能力的一次尝试。现在，这再无法弥补的时刻已然到来，他那追求真理的精神苦涩地系于此，授意他写出《贱卖》，诗中商人的隐喻暗示：最初的梦想已堕落成终结、惰性、零星之物。或许，兰波在未来选择商人的职业，是为了延

1 出自《彩图集》中的《青春》。

续这一隐喻，让自己停留在——哪怕用最卑微的方式——真理的表达中？无论如何，如今，他将带着严酷的领悟，审视这“被当作现代的大都会”[1]，它全然无名，在它的意象中，汇集着不存在的众生：“无泪之死，我们勤勉的女儿与女仆，绝望之爱[……]。”[2]他只能认输，正如他在《城市》中，向流亡的生活屈服一般。

1 出自《彩图集》中的《城市 I》。

2 同上。

不可能与自由

I

比起任何理智的决定，童年的终结都有着更强劲的束缚力。一旦它剥夺了兰波“改变生活”的希望，他便终止了写作。

新近有学者指出，《彩图集》中的某些诗歌作于1874年后。即便他们给出的证据不令人信服，但这一判断或许

1875年12月中旬，兰波（德拉艾 绘）

成立。[1]三番五次地回归诗歌写作，意义何在？莫非是他的希望与习惯无法一次根绝？

我想通过一个日期明确的文本来探寻兰波往后数年的精神状态。带着可怖的暴烈，它拒斥着诗歌的意念。1875年10月，继德国与意大利之旅后，兰波致信好友德拉艾。他说他将准备理科类的“中学毕业会考”，但也担心即将到来的兵役。信中，他许是即兴创作，许是从别处抄来了一小段题为“梦”（Rêve）的诗。这几行支离破碎、乔装成嘲讽模样的诗句，这“神奇壮美的大歌剧”的落幕脚本，最后一次集结、歪曲、废除了曾瓦解他命运的形而上悲剧的元素。

梦

我们在军营里饿着肚子——
真的……
散射，爆炸，
一个精灵：我是葛瑞尔奶酪！
勒斐弗尔：凯勒！
精灵：我是布里奶酪！
士兵们切着面包：
这就是生活！
精灵——我是罗克福奶酪！

1 见附录 II。——原注

——这将是死！……
——我是葛瑞尔奶酪
和布里奶酪……等等。

华尔兹

人们加入了我们，勒斐弗尔和我，等等。

军营，《被盗的心》提过的恶臭之所，只剩晦暗与匮乏的无尽生活。[1]当士兵们“切着面包”，兰波不是喊到“这就是生活！”吗？在这阴沉的忍耐与饥饿之地，也存在着“散射”和“爆炸”。兰波曾祈求它们能改变现实，如今，他却只揭露它们的病态，就像《圣袍下的心》里那般。在这分离的、阴暗的现实中，在这令人作呕的神圣中，曾“净化了饮食”的“精灵”再度出现，这光明的许诺者，如今却被最严酷地批判。新的精灵高呼：“我是布里奶酪！……我是罗克福奶酪！……我是葛瑞尔奶酪……”兰波断言，在最反诗意的沉重现实外，空无一物，即便——“这将是死”，士兵们说——在这对抗中，他将舍弃一切。

兰波彻底放弃诗歌的另一个迹象，是他自1874年末便开始密集学习诸门语言，先是德语、意大利语和俄语，后有阿拉伯语等。务必谨记，只有一门语言承受住绝对的考验后，诗歌才得以完成，而在这从相对层面出发的语言研

1 参见《被盗的心》：“淫秽的军营里的段子 / 败坏了我的心！”

究中，诗歌被秘密地、积极地否定了……据魏尔伦和德拉艾说，兰波身上发生了巨变。前些年的“人”（L’Homme）已变成了何麦（Homais）[1]。在魏尔伦恼人又直观的《“不幸之人！全部的天赋……”》（« Malheureux! Tous les dons... »）一诗中，我们看到了一个全然沉溺于猥亵、嘲讽和愤怒——对虚无的沉迷——之中的兰波。[2]《地狱一季》的作者曾徒劳地想要改变其逆来顺受的境遇，但自此，这希望已大大沉沦。

或许，这希望不会彻底从他的心底抹除。自1875年起，兰波开始四处漂泊，而希望则成了这些旅程隐藏着的存在之理，引领兰波从欧洲的这端奔赴另一端，直到爪哇；往后，它也成了他愈发贪婪的金钱欲望的秘密动力。这么看的话，哈勒尔[3]便不是对兰波过往生活的弃绝，而是延伸：通过更具体的方式，他想要成家，生个儿子，与他一起，并从他身上重又开始新的生活，这生活即使不算全然幸福，但至少自省、清醒；象征意义上，他若如传闻中那样确有在裤带里藏着几公斤黄金，那么，这些黄金也保有他曾徒劳追寻形而上之太阳的记忆，让在所有理智的计划之外的不理智的部分发出幽光：

1《包法利夫人》（*Madame Bovary*）中古怪的药剂师，也是魏尔伦写给德拉艾的信里为兰波取的绰号。

2 参见魏尔伦《智慧》（*Sagesse*）第一辑第 IV 首（即《“不幸之人！全部的天赋……”》）：“你洗掠一切，你在故意装出的卑劣中 / 丢失了最后一丝精神的气力，唉呀！”

3 埃塞俄比亚东部城市。

约 1880 年，后排左一是兰波

1883 年，兰波在哈勒尔（1）

1883 年，兰波在哈勒尔（2）

1883 年，兰波在哈勒尔（3）

哈勒尔的圆顶建筑（1883 年，兰波 摄）

哈勒尔的市场（1883 年，兰波 摄）

兰波的助手索迪罗（Sotiro）（兰波 摄）

哈勒尔的手工制造者（1883 年，兰波 摄）

如果我的苦痛已不再，
如果我多了些金银，
我该选择北方，
还是葡萄藤蔓的国度？[1]

甚至，他的残疾与病痛难道不也是他曾经渴求过的吗？它们是新的懒惰的许可证，让兰波沉溺在母性存在的照料之中——事实上，希望本身也是一种疾病，是摧毁一切均衡的存在形式，是泯灭命运与肉身的重症。但另一方面，在所谓绝望之境中，在被剥夺了所有实体后，它仍能延续。在马赛医院的病房里，兰波被截了肢，发着狂、迷失了的他呢喃着不连贯的句子："我瘫痪了：所以我想准点登船，告诉我什么时候我该上船……"这是他死亡的前夜留下的最后的话。我们可以在其中发现所有我曾描述过的希望范畴：神秘的"瘫痪"，这爱之窃贼的女儿；被无数次梦见的船只，这"真正的生活"的象征；而介于两者之间的，是不可驯服的、不理智的希望的"所以"。

但也是在病榻上，在他生命的最后数月里，他把旧时的诗作称为"泔水"。纵然希望依旧残留，但行动的念头一旦浮出意识，便会受到《彩图集》最后几首诗之一所说的"残忍的怀疑主义"的攻讦。1875 年后，兰波的意识便拒绝"改变生活"。这正是为何我不在此讲述他多年的漂

1 出自《渴的喜剧》。

泊与艰苦的作业。力图改变生活，是践普世之行，是见证，是迎向共通的意识。但拒绝改变生活之人将被囚于自己的命运中，并有权让人尊重他的私隐。众人热衷于追寻已回归匿名人生的兰波的踪迹，我对此感到不齿。别去读兰波在非洲写给他家人的信；别去了解曾想要“盗火”之人是想要卖这件或那件货物。[1]

II

让我们在夏尔维勒墓地的墓碑前流连片刻。多少青年蜂拥而至这无任何异象涌现之地。确实，在刻着简单日期的石碑下，在死亡的静滞中，是物质、是限制取得了胜利。兰波曾与这生活可能性的朽蚀进行了多少搏斗啊。他没有像他在期待活出“自然之光的金色火花”时曾梦想的那般，以神圣的、总体而言愉悦的方式被击败——果真如此的话，他的死亡就仅仅是与其存在的融合：这小资或农民式样的墓碑，显得轻薄、合群、节俭，它确认了一种生命已盗走了另一种生命，一位少年定是用将来换取了命运，用“太阳之子”的自由换取了商人与劳动者的沉重条件。不过，这封印了他命运的墓碑，却汇集了他人生的诸多元素。最初的兰波，这“精灵”，耗尽创造力与力量的探索者极力忘掉它，因为它用不可能实现的承诺欺骗了他。为了摆脱

1 见附录 III 。——原注

一切，他逃去世界的另一隅，但在这里，精灵又一次在他近旁显现。对许多来到墓前的人而言，又是它，这暴烈、疯狂的精灵，站在他们面前，向他们说话。我们发现，这精灵将这小小的石碑变成了他自相矛盾的威权。他拒绝失败的念头。让我们停在这难以抗拒的印象上。这是兰波的诗歌给出的最强力的教诲。

注意：存在两种思维方式、两种精神发展的基本模式。

第一种，仅仅把自由设想成现实条件给予我们的诸多可能中的一种选择。因为人们不喜欢随机选择的概念，所以这种思维方式看重的是所谓的客观认知，也因此强调理性主义。黑格尔教导我们，自由是对必然的认知。所有拒绝理解或拒绝选择这种必然性的规定与法则之人，都将受到诅咒。从这一角度看，兰波一文不值。他不懂得在现实提供的可能性中进行选择。他既非心满意足的资产阶级，也非一以贯之的革新者，他不懂得“认知”必然，甚至

弥留之际的兰波（兰波的妹妹伊莎贝尔 绘）

不承认这必然。是的，从理智的角度看，他的诗歌是无法被辩护的错误。纵然是革命者，纵然是那些在某一时刻抗议社会或法律的某一面向之人，也只能放任他在自我的疯狂之中。纵然他们接受他对古老道德的批评，那也不过是出于策略，他们无法真正理解他。如果他还活着，他们会要求他满足于新的律法，如果他不屈服，便会治他的罪。

但也存在另一种以自由为名的模式，其最大的差别，在于这种思想不再囿于既定的可能性。他将欲望置于绝对之中，根据现实选项是否能填补这不可抑制的欲望，来保留接受或否决现实的权力。纵然选项绝对“不可能”，他也不懈坚持,因为比起相对的满足,他宁可选择自己的痴念。即便被迫忍受生存的环境,他也不屑为既定之物献上赞歌，甚至有时还抱有对其大加谴责的英雄气概（如我在本书开头所说）。这样，为了成为绝对的见证者，他承担起所有挫折、所有苦难，甚至让它们变本加厉。在他眼里，这远非荒诞之举，而是人的荣耀。甚至，他或许相信，这样做便可强行制造一条出路。上述思想，既非绝望，也非犬儒，它坚信，现实既可被奇迹转化，又能被理性改善。通过拒绝存在本身的基础，它想要改变意识与自然之间的持续关系，而客观思想总是想把我们困在这不变的关系中。真正的死亡，难道不是在“绝对知识”[1]中？相反，醒悟的眼睛

1 黑格尔的概念，即一种普遍的真理、唯一的真实，历史朝向它而发展。

能把死亡和限制看作可接受的、“自然的”条件，对它们而言，难道不存在一种新的自由，一种可实践的永恒？

用我总结的这第二种思想来看待兰波的追求吧。不过，从这个角度出发，又有谁会将他视为失败者呢？

对他来说，“不可能”的，是善恶世界中的爱，是我们在其中出生、生活的律法世界中的爱。

他曾有着让他参与如今“缺席”的“真正的生活”的直观，也有着对活力与信心的欲望。他曾把活力与信心称作爱，认定它们与信仰相同。他曾觉察到，如今这完满的体验备受质疑，善恶的思维只合法化了原生的可能性中的一部分，并牺牲所有的剩余部分，把它的选择强加给众人。这区分是致命的，兰波想。被挑出、被看重的部分——现状所拥有的全部未来——在历史的生成中仿佛一种抽象、一个已提前完成的事实。由于死亡的牢固不变，它的时刻与它的行动逐渐灰暗。而被拒绝的另外的可能性，则在下方像光一般闪亮，以至于所有的实存都陷入挫折。所有感知的财富，既可近观，又不可及，最终都变得“苦涩”。所有的自我意识都会发现人类的无力，都会逼迫他们鄙视自己。因此，所有的心都将“残废”。所有的共通都被摧毁，因为其他人也与我们一样，是自身绝望的囚徒。而性则主宰了最为沉重的矛盾，因为在这里，它虽然仍是一个健全的存在的最初冲动，却失去了真正的对象——它的对象该是生命，而不是肉体——因此，它永远只能是一种被窒息的可能，是不完满的实践与残废的思想。它本可化为人参与真正的、现实的节拍，却在这里、在禁止中，将兰波封闭在了他所称的“罪恶”之中。

“地狱”，兰波还说；地狱是律法唯一的未来。这诗人中最激进的一位，他不试图通过遗忘、通过筹置无论如何都会留给我们的补赎来躲避地狱，而是为了改变一切而承担起了所有的苦难。曾有一次，在和如今一样的律法视域中，人们不是说，“人之子”也做了同样的事，把“新的爱情”的自由奉献给人类？而这拯救者的教诲，却又成了束缚众人的法则。虽然耶稣现已成了“能量的窃贼”，但他最初的行为却值得深思。和基督一样，未来的诗人应该终结灵魂的“地狱一季”，向律法说不。

当兰波与显象世界分离，想要成为“盗火者”时，他首度以为自己成功了。自然的现实献出了它那跃动的心脏的“异象”，重获的主体性释放了它的力量。为了“他人”——这无限——的生长，陈旧、晦暗和惰性的“我”分崩离析。一切扰乱、“一切形式的爱、痛苦、疯狂”从诗人身上“活生生剥除”了道德律令在他心中放置的罪恶之人。但这崭新的诗歌计划只把兰波带往溃败。他曾以为——偶尔——碰触到了自然的直接性（immédiateté），但又无法把依稀瞧见的无垠的财宝发放给众人。他被自由思想的直观煽动，却差点在不可动摇的律法面前粉身碎骨。

他这时发现，他必须在律法的框架内僭越律法，而不是直接摧毁它。他认为，在律法为我们所造的这个世界里，我们已来不及寻找通往绝对的道路。我们这般人世间的存在永远变成了这样一种个体：受其道德本质支配，受无数桎梏限制，以至于徒留一个以死亡为图景的狭隘未来。不过，他仍留有将这样的处境视作存在本身的自由；仍可以在他人与自我处爱上这处境；仍可以将“仁爱”变作崭新的爱的形式，给予众人存在的理由。兰波旋即着手重造这负伤的灵魂，我们知道这一回他又遇上了多少险阻：当他接受那个既定的自我后，他在阴暗苦痛的自我身上重又发现了心理的疾病，即因腼腆、罪行和骄傲而导致的神经官能症，这些症状将他与哪怕最卑微的爱的形式隔离开来。他只好在孤独中维持这与人共通的理念吗？还是承认，仁爱不过是“死亡的姐妹”？《地狱一季》留下了这般不确切的结局。他无从断定，也无法在真实的接触中运用仁爱的守则。可悲啊，因为在这“无情”的兰波的自我深处，始终存有潜在之爱的图景，这爱既宽广，又静滞。

除了撞上不可能的高墙外，兰波什么也没能做到；他什么也没解决，也没有任何奇迹发生。甚至，在受难的个体与荣耀的人之间，在基督教与卡拉巴之间，他都无法作出明确的——哲学层面的——选择。在《地狱一季》中，他谴责节日与欢愉的幻梦，只是为了让它们周而复始，随后又在最后的散文诗里将它们抛弃。他像极了5月阿登省的一个“水洼”，在生活中四处变幻，却始终“暗冷”。人们会不断重复：他失败了。确实，他失败了，因为这是他自己的生活，即是说，他梦想获得一些东西，但最终铩羽而归。一度虚幻的欢愉过后，绝对的希望留给他的，无疑是实存中漫长的黄昏和满溢的苦涩。

然而，又有谁敢说，兰波疯狂确认的这个希望不会在将来有任何胜果？他所维系的直观，又在众人的意识与心灵中开辟了怎样的道路！兰波与未来建立了某种联系。因为他不断的否定，他的人生化为一艘方舟，众生的骄傲寄生于此。这位诗人始终身处他所揭发的处境中——因科学与基督教这两股异化力量的叠加而产生的存在危机——我们这个时代的人们可以从他身上学到许多帮助他们奋勇抗争的知识：客体与在场之间的差别、实存与简单的苟活之间的差异；爱与道德律法的教条主义之间那毁灭性的对立关系；以及一种对生活的信仰，这信仰将渐渐扎根人心，比如，某一日，会从最初的几位诗人逐步扩展至儿童的益智教育中。全新的人类将成为可能。即便“子孙与种族使我们陷入罪恶与悲伤”，“大地”也始终有着“盛产王子与艺术家的沃野”[1]。这在善恶之外被呵护着诞生的孩童，

1 出自《彩图集》中的《青春》。

这兰波曾想用有益的方式来养育的儿子，最终将与世界相遇。他会坚定地寻求如何转变他与我们的宿命。兰波思想的后继者并不会从形而上的不可能的桎梏中抽身而出。兰波所发动的抗争只会让他的生活——从道德镣铐中解脱的生活——撞上绝对性的限制。这场抗争将他从他的厄运中拯救出来，却又为他开启了悲剧的“新生的厄运”。尼采曾将唱着“清朗之歌”的“新生的厄运”描绘成欢悦的迷狂。

为了见证人的异化，为了号召众人从道德的软弱走向面向绝对的悲剧，兰波拒绝了他本可以从他的时代与居所中挪用的那一小点自由。他的伟大即在于此。正是上述决意与坚持，使得他的诗歌成为我们语言的历史中最解放人心的——也因此是最美的——作品。是的，一座坟墓。这是残缺的救赎之墓、被抹除的卑微的欢愉之墓、因苛求而与一切平衡和幸福分离的人生之墓。不过，自由的凤凰会在希望的余烬中涅槃，振动它新的羽翼。

兰波之墓

附　录

I

（本书第 112 页）

若要证明兰波长时间受到《女巫》的影响，我们只需要将此书序言的开头部分——“女人动脑、想象；她创造出梦想和神祇。她时而洞烛先机［……］”[1]——与“通灵人书信”作个比较。“我即他人”或许源于《女巫》，因为米什莱写道：“希腊跟其他民族一样，也有énergumènes——受鬼魂侵扰、附身的人。［……］在沙漠各处可见到这些自怨自艾、郁郁寡欢的可怜人漫无目的地游荡。请试着理解这是什么滋味——感觉到自己有双面人格、确实相信有另一个人存在，而这一位残酷的外来客在你体内来去自如［……］。”[2] 我们也可以对比 1872 年 6 月兰波致德拉艾的信与《女巫》的结语：“我通常在 6 点钟起床，那是从兵工厂传来一天工作开始的炮声信号。我

1 中译参见儒勒·米什莱：《女巫》，张颖绮译，北京：电子工业出版社，2014 年，“导言”第 1 页。此处“洞烛”一词原文作“voyante”，而下文“通灵人”一词原文作“voyant”。

2 同上，第 6 页。

从 6 点到 7 点享有美妙的时刻。”[1] 这一整篇结语都让我们想起《地狱之夜》的最末几页：风格上，它们都带着坚定而庄重的曼妙口吻；它们还有对新的精神的动人信心，这新的精神被类比成黎明。米什莱加固了兰波对未来的澎湃之情。他教诲到，在被道德与社会秩序去自然化的世界里，某些存在——女巫在他们之中——可以自我放逐，把自己封锁在一种被认为是邪道的真实中，因为人们只有抛弃现存的价值，才能达到这种真实。反抗从这里开始了，为了还不确定其志向的人类，它预备了一个自由的未来。米什莱还让兰波对科学产生了兴趣。为了更好地理解古老的通灵人差点成为的哲学数学家（philomathe），我们可以回忆一下米什莱关于女巫的说法：“以她为中心传播出各种技能知识，特别是强身治病的方法。”[2] 如果我们沿着玛格丽特 · A. 克拉克（Margaret A. Clarke）在《兰波与基内》（*Rimbaud and Quinet*）[3] 一书中所给出的注释，继续作这两者的比较——也可扩大到埃德加 · 基内身上，可惜的是，克拉克没有将其与兰波的具体理念联系起来——那将会是极有助益的。

1 中译参见儒勒 · 米什莱：《女巫》，张颖绮译，北京：电子工业出版社，2014 年，第 229 页。

2 同上，“导言”第 2 页。

3 玛格丽特 · A. 克拉克：《兰波与基内》，悉尼：西蒙斯（Simmons），1945 年。

II

（本书第 169 页）

但这涉及的只是少数几首诗。我们可以把《彩图集》分成几组诗歌。《精灵》、《战争》、《青春》和《贱卖》为一组，我们或许还要加上《生命》、《致一种理性》、《运动》、《焦虑》和《童话》，因为它们都用不同方式讲述了新的和谐的创举；此外，《沉醉的清晨》、《美的存在》、《守夜》、《神秘》（Mystique）、《通俗夜曲》、《花》（Fleurs）、《野蛮》、《H》、《仙境》（Fairy），或许还有《虔敬》（Devotion），这是一组，这些诗歌中，印度大麻的体验似乎在每个瞬间都至关重要，因此，没有什么能将这个组合拆散。我建议为这两组诗歌定下相近的创作时间，而《洪水过后》则更早一些（1873 年秋）。还剩下哪些？首先无疑是第三个重要的诗歌组合：《桥》（Pont）、《车辙》、《城市》（I、II）——它们在吕西安 · 格洛[1]收藏的手稿上几乎前后相连——还有《岬角》（Promontoire），它出现在别的地方。这组诗歌有着类似的风格。它们展示的世界观以同一种方式扭曲着，似乎是鸦片创造了这广阔的全景图像，充满精确却又变幻不定的印象。顺带一说，我们也没法在别处找到如《沉醉的清晨》或《野蛮》的手稿中那样流畅易懂的注释。我们相信，这组诗歌作于 1873 年春，那时，

1 吕西安 · 格洛（Lucien Graux，1878—1944），法国医生、企业家，也是重要的收藏家，在“二战”时遇害。

兰波正与魏尔伦经常出没于伦敦的港口。讲述他们共同生活的《流浪者》被兰波穿插在这组诗歌里——尽管我认为它写于兰波将它们抄写在今天所谓的吕西安·格洛收藏的手稿里的时候——这纯属巧合吗？所有这些诗歌——或许还包括一封信里提到过的《瞭望台》——都是兰波初次尝试波德莱尔提出的“散文诗”计划时留下的遗产。《恶之花》的作者曾说，散文诗的理念，是他“在大城市里经常出没”时诞生的。[1] 当然，我也不会忘记，《城市》经常被拿来与福楼拜直到 1874 年才出版的《圣安东尼的诱惑》中的某些段落比较。兰波是否在这一年修改了旧作或先前的草稿？作出定论是很难的，也是很冒失的。

我们也很难厘清余下几首诗的创作时间：《出发》（Départ）、《片语》、《工人》（Ouvriers）、《杂耍》（Parade）、《童年》、《黎明》、《大都会》（Métropolitain）、《历史之夜》（Soir historique）、《城市》和《底部》（Bottom）。《出发》确立了兰波思想的真正原型，因此可以属于他的任何一个时期；《片语》可能是旧作（从 1872 年 7 月在比利时到 1873 年秋？）的筛选；《工人》暗示了一个北方的“2 月”，这只能是 1874 年 2 月，那时兰波刚与杰尔曼·努沃来到伦敦。诗中的“亨瑞卡”（Henrika）紧密相连于分离和虚弱

1 参见波德莱尔写给阿尔塞纳·胡塞（Arsène Houssaye）的信：“尤其是在大城市里经常出没，和在关系错综复杂的交往中，我更产生了这萦绕心头的想法。”这封信被收录在《巴黎的忧郁》（*Le Spleen de Paris*）的开头作为序言。此处中译参见《巴黎的忧郁》，亚丁译，北京：生活·读书·新知三联书店，2004 年，第 13 页。

的意象，或许，她曾于 1873 年 2 月出现在伦敦，出现在兰波的生命中？（“我在那里亲眼看到女人的地狱［……］”）抑或,《工人》讲述的是来年回到法国后的回忆，与题为“流浪者”的诗作写于同一时期。这两首诗拥有类似的标题。《杂耍》有着相同的内省本质；无论如何，它和《大都会》、《底部》一样，与英国时期相连。至于《黎明》和《童年》，我尤其看到它们与《洪水过后》、《城市》和《历史之夜》之间的亲和力，看到与《贱卖》相同的悲痛跟沮丧。当然，《彩图集》的全部诗歌都可能写于 1874 年末之前。

III

（本书第 173 页）

或许有读者会惊讶，在为兰波塑像时，我没有讨论一个猜想，即他在临终前皈依了天主教。以下是我对这个问题的看法。在他的肉体衰竭之时，在谵妄之时，一次剧烈的精神变动或许曾发生在兰波身上。教徒们自然有权利将之视作确凿的事实，只要他们承认他们的确信也只是出于信仰，只要他们不以这对上帝的缴械投降来重新诠释兰波的过往。有些人喜欢说，兰波的生涯是意识对神的一场逃离，意识试图否定神，直到他被战胜的那一刻，他在欣喜中投入神之爱里。但这并不是真的。这种解读有利于把他的命运变成一种对上帝的存在的证明，但这不是显然与兰波既明澈又诚恳的作品相悖吗？兰波曾试图“改变生活”。如果上帝——以他确实存在这一事实——曾帮助过他的行动，那他早就甘愿出卖自己的灵魂了。甚至，他曾多次竭尽所能，力图——但都徒劳无功——信仰上帝。“我躺在医院病床上，有浓烈的香气袭来；神前看管香火的人，神父，殉道者……”兰波的灵魂无法忘记基督的誓言，马赛的“皈依”即便真实发生，也不是他对上帝初次萌生的希望。而在这多次期许中——只要兰波还维持清醒的意识——上帝似乎从未应答。兰波时常因为上帝所赞许的道德而厌恶他，但偶尔也“贪婪地等待着”他，而在《地狱一季》和《彩图集》中，上帝始终缺场。如果兰波的探索真有见证价值，那他所见证的，是且仅是尼采口中的上帝之死。就让他们把临死之人的情感当成是上帝苏醒的征兆吧，如果他们宁愿这么相信的话，但别在兰波的诗歌里寻找上帝的踪迹。他的诗歌时常挑衅上帝，他们见到的，只会是上帝的静默。

兰波生平

1854 年	10 月 20 日，阿蒂尔·兰波出生于阿登省的夏尔维勒。
1860 年	他的妹妹伊莎贝尔出生。
1865 年	10 月，兰波进入夏尔维勒中学。
1869 年	他以诗作《朱古达》（Jugurtha）赢得了学院竞赛拉丁诗歌头奖；并写出了《孤儿的新年礼物》。
1870 年	在乔治·伊桑巴尔手下学习修辞学。5 月 24 日，他致信泰奥多尔·德·邦维尔，并附上《Credo in unam》（后改题为“太阳与肉身”）等诗作。 8 月 29 日，第一次离家出走。兰波于 8 月 31 日在巴黎北站被捕，经乔治·伊桑巴尔的帮助获释。伊桑巴尔把他带到杜埃同住，随后把他送回到了夏尔维勒。十天后，第二次离家出走，沿着菲迈、沙勒罗瓦和布鲁塞尔这一路线，徒步走到杜埃。沿途写下《狡黠的女孩》、《绿色小酒馆》和《我的流浪》等诗作。在警察的护送下被送回他母亲家里。 12 月 31 日，夏尔维勒附近的梅济耶尔被猛烈轰炸，化为焦土。
1871 年	2 月 25 日，第三次离家出走，搭火车去往巴黎；兰波在那里待了两个星期。 5 月 15 日，回到夏尔维勒，将“通灵人书信”寄给保罗·德梅尼。 夏天，他写信给魏尔伦，并于 9 月末去往巴黎与他

会面。他5月以来的主要作品有《醉舟》和《向诗人倾述的花事》。
在巴黎，他与魏尔伦、让·黎施潘、卡尔加[1]、卡巴内[2]和弗兰等人来往。

1872年 3月，兰波回到阿登省。5月和6月，他去到巴黎。春天时他写出了他最美好的诗作：《回忆》、《黄金时代》、《五月的旗帜》和《米歇尔与克里斯汀》等。7月，他与魏尔伦一道离开巴黎，前往比利时。9月，这两个朋友去到伦敦，但兰波在圣诞节前回到了夏尔维勒。

1873年 兰波又在伦敦住到4月，随后去往罗什。他在那里开始创作《地狱一季》。
5月27日，兰波随魏尔伦去到伦敦。7月3日，魏尔伦离开伦敦去往布鲁塞尔。7日，兰波与他在布鲁塞尔会合。10日，魏尔伦用手枪打伤兰波，被送进了监狱。
兰波回到罗什，完成《地狱一季》，交由比利时的普特出版社出版。秋天，兰波移居巴黎。

1874年 春天，兰波与诗人杰尔曼·努沃一起去往伦敦。他在那里度过了大半年，并完成了《彩图集》里的大部分作品。

1875年 1月，在斯图加特当家庭教师。3月初，魏尔伦前来探望。5月，他徒步前往意大利，在米兰逗留。秋天，兰波回到夏尔维勒，继续学习语言（西班牙语、阿拉伯语、意大利语等）。

1876年 兰波加入了荷兰殖民军队，被派往巴达维亚[3]和沙漠地带，最后回到法国。

1 埃蒂安·卡尔加（Étienne Carjat，1828—1906），法国摄影师、记者、诗人，曾给兰波拍摄过著名的肖像。
2 欧内斯特·卡巴内（Ernest Cabaner，1833—1881），法国音乐家、诗人。
3 即印度尼西亚的雅加达。

1878—1879 年	兰波在塞浦路斯的拉纳卡附近的建筑工地当工头。
1880 年	又一次去往塞浦路斯，随后他在“红海沿岸的每个地方”找工作。11 月，在也门的亚丁跟维安蒂与巴尔代公司签下合同。12 月 13 日，他到达了位于哈勒尔的贸易站。
1881—1890 年	在哈勒尔经商、探险。
1886 年	《彩图集》（I-XXXVII）在《潮流》（*La Vogue*）上分期发表，并由《潮流》以小册子的形式出版。无疑，兰波并不知情。
1891 年	6 月 8 日，兰波从非洲返回，进入马赛无玷始胎医院治疗。他的右腿被截肢。从 7 月底到 8 月 23 日，他最后一次回到阿登省。 11 月 10 日，兰波在马赛无玷始胎医院逝世。

参考文献

版 本

目前最佳的兰波作品集版本是苏珊娜·贝尔纳（Suzanne Bernard）所编的版本（Garnier，1960；苏珊娜·贝尔纳与安德烈·古约［André Guyaux］合编的新版，1987）和安托万·亚当（Antoine Adam）所编的版本（Bibliothèque de la Pléiade，1972），还有一些可资补充的评注版：G. 舍费尔（G. Schaeffer）所编的《通灵人书信》（*Lettres du voyant*，马克·艾格尔丁格［Marc Eigeldinger］作序，Droz et Minard，1975）；M. A. 吕弗（M. A. Ruff）所编的《诗集》（*Poésies*，Nizet，1978）；A. 皮（A. Py）所编的《彩图集》（*Illuminations*，Droz et Minard，1967）。

纳沙泰尔大学筹划了一个诗歌全集评注版，该版本由拉巴科尼埃出版社（Éditions de la Baconnière）推出。

路易·弗雷斯蒂埃（Louis Forestier）编了一个不错的口袋版（1970），收在"伽利玛诗丛"（Collection Poésie/Gallimard）之中。

传 记

Georges Izambard, *Rimbaud tel que je l'ai connu*, Paris, 1946.

Rimbaud raconté par Paul Verlaine, Paris, 1934.

Ernest Delahaye, *Souvenirs familiers*, Paris, 1925.（德拉艾所有的写作均已由弗雷德里克·艾格尔丁格［Frédéric Eigeldinger］和安德烈·让德尔［André Gendre］悉心汇集并精心评注，参见 *Ernest Delahaye témoin de*

Rimbaud, Éditions de la Baconnière, 1974。）

Colonel Godchot, *Arthur Rimbaud ne varietur*, Nice, 1936 et 1937.

Enid Starkie, *Arthur Rimbaud*, Londres, 1947; 2e éd., 1961; éd. française, Flammarion, 1983.（这是最佳的兰波传记。）

Henri Guillemin, Connaissance de Rimbaud, dans le *Mercure de France*, 1er juin 1953 et 1er octobre 1954.

Henri Matarasso et Pierre Petitfils, *Vie d'Arthur Rimbaud*, Hachette, 1962.

M. A. Ruff, *Rimbaud*, Hatier, 1968.

V. P. Underwood, *Rimbaud et l'Angleterre*, Nizet, 1977.

Alain Borer, *Rimbaud en Abyssinie*, Seuil, 1984.

作品问题

H. de Bouillane de Lacoste, *Rimbaud et le problème des Illuminations*, Paris, 1949.（参见其所编的《诗集》、《地狱一季》[*Une Saison en enfer*]和《彩图集》评注版 [Mercure de France, 1939, 1941, 1949]。）

Daniel de Graaf, *Arthur Rimbaud homme de lettres*, Assen, 1948.

Pierre Petitfils, Les Manuscrits de Rimbaud, in *Études rimbaldiennes*, 2, 1970, pp.41-158.

延伸研究

Pierre Petitfils, *L'Œuvre et le visage d'Arthur Rimbaud. Essai de bibliographie et d'iconnographie*, Paris,1949.

Etiemble, *La Mythe de Rimbaud, tome II, Genèse du mythe*, 1954.（一份关于卷帙浩繁的兰波研究的清单。）

Arthur Rimbaud, 1954 年国家图书馆所办展览的手册。

François Ruchon, *Rimbaud, Documents iconographiques*, Genève, 1946.

1967 年，伽利玛推出的关于兰波的“七星专题”（Album de la Pléiade），侧重于图像。

我们也可以查阅 1973 年 5—6 月的《欧洲》（*Europe*）专刊《阿蒂尔 · 兰波》（*Arthur Rimbaud*），以及《活着的兰波》（*Rimbaud vivant*）、《阿蒂尔 · 兰波》（*Arthur Rimbaud*）和《兰波研究》（*Études rimbaldiennes*）等刊物，这些刊物持续更新相关的文献。我们还可以参阅弗雷德里克 · 艾格尔丁格的四卷本《用语索引表》（*Tables de concordance*, 4 vol., Éditions de la Baconnière, Neuchâtel, 1981-1986）。

Alain Borer, *Un sieur Rimbaud se disant négociant*, Lachenal & Ritter, Paris, 1984.

译后记

兰波，世界无法愈合的一道伤口，人类的一段伟大青春期。一个多世纪前的灾难，我们依旧在火光中灼痛。“他是尚未出现的文明的第一位诗人，”勒内·夏尔说，“这文明的地平线与峭壁仍只是狂怒的稻草。”步伐不停的履风者，永远向未知处进发，生活必须改变，爱情必须重新发明，我们必须现代。他的诗，一条条逃逸线，一个个重音符，凝在现在向未来敞开自身的一瞬：

看够了。视觉遭遇各处的天空。
受够了。城市的杂声，夜晚，白昼，永远。
见够了。生命的停顿。——噢，杂声与视觉！
出发，在新的情感与喧闹中！

Assez vu. La vision s'est rencontrée à tous les airs.
Assez eu. Rumeurs des villes, le soir, et au soleil, et toujours.
Assez connu. Les arrêts de la vie. - Ô Rumeurs et

Visions!

Départ dans l'affection et le bruit neufs![1]

三次“够了”（assez）的首语重复，膨胀的元音字母 a 与紧缩的元音字母 u 之间的剧烈转换。兰波对“全部”的喜好：全部的时间（“夜晚”与“白昼”），全部的空间（“各处的天空”），所听，所见。这一切他都厌倦了。这可与早期的《我的流浪》比照：

拳头揣在破衣兜里，我走了；
外套看起来相当神气；
我在天空下行走，缪斯！我忠于你；
哎呀呀，我也梦想过灿烂的爱情！

我唯一的短裤上有个大洞。
——像爱做梦的小拇指，一路上
我剥落诗韵。我的旅店就是大熊星。
——我的星辰在天边窸窣作响

如今，他已看厌了天上的大熊星，听厌了窸窣的杂声，已没有旅店可以驻留。两首诗的风格也大相径庭：早期作品的田园诗意境荡然无存，代之以短促的名词句。断章般

1 出自《彩图集》中的《出发》。

的散文诗形式，跳跃、刀削一般的省略、简洁，强度之诗、密度之诗。语句渐渐加速，仿佛窒息之人到达极限，随后在“出发”（départ）一词中爆发；最后的十音节诗不以古典的“4+6”形式断句，而以“6+4”形式断句，制造出不均衡感；“v”与“s”的不断重复营造出“辅音的饱和”[1]；“杂声”与“视觉”的交错配列，一种回旋，一种结构上的眩晕。既有精密的节奏计算，又有不规律的乐感。最后，“梦想过”的“爱情”变成了对“新的情感”的追求。重新发明的爱情是兰波一贯的母题。“新的情感与喧闹”，音乐与爱情的联系，令人想到《致一种理性》中“新的爱情”与“新的和谐”，抑或《彩图集》末尾“激越的音乐”中爱的精灵。

或许，“杂声”（rumeur）让人想到推崇音乐性的魏尔伦的诗学？魏尔伦写过：“屋顶之上，天空，/ 那么蓝，那么静！［……］钟在人们所见的天空里 / 温柔地鸣响。［……］我的上帝，我的上帝，生活就在那里，/ 单纯而平静。/ 这平和的杂声 / 自城市传来。”[2] 兰波是否对魏尔伦的这些温柔的鸣响和天空感到厌倦？“城市的杂声”是否暗指他们的伦敦之行？又或许，对“视觉”（vision，亦有“异象”、“幻觉”之意）的厌烦，恰如博纳富瓦所分析的那样，

1 Pierre Brunel, *Éclats de la violence. Pour une lecture comparatiste des Illuminations d'Arthur Rimbaud*, José Corti, 2004, p.195.

2 出自魏尔伦《智慧》第三辑第 VI 首《“屋顶之上，天空……”》（« Le ciel est, par-dessus le toit... »）。

指代着曾经的“通灵人”诗学的失败？（在《谵妄 II：言语炼金术》中，他说：“很久以来，我自诩拥有一切可能存在的风景。”）他将在新的对爱情的寻觅中开始一种新的诗学？无论如何，风暴般的名词句，建构出一种绝对，而不是单纯的叙述。它们具有一种操演性（performativité）：一种呼唤、一种命令，将诗歌转为行动，转向真正的生活。

兰波的人生仍是谜题的森林，但经由超现实主义者们，经由“六八一代”，他已成为大众文化中流通的一枚金币，革命、青春和不羁之爱的象征：履风之人，被诅咒的诗人，巴黎公社的狂热者，在非洲贩卖军火的走私犯，自然还包括魏尔伦的情人（听说又有人提议把他和魏尔伦一起搬入先贤祠，这比现在卢梭和伏尔泰共处一室更加恶趣味）。我们看到的，太多是他所背负的神话的十字架留下的长长阴影。于是，博纳富瓦在本书开篇便说：“为了理解兰波，让我们阅读兰波吧。”于是，勒内·夏尔说：“诗人兰波，这就够了，这才是无可穷尽的。”

普遍语言与客观诗学

兰波身处 19 世纪中期开始的“诗的危机”或者说“抒情体裁的危机”之中。[1] 波德莱尔主张“自愿的去个人化”

1 Dominique Combe, *Poésies - Une saison en enfer - Illuminations d'Arthur Rimbaud*, Gallimard, 2004, pp.17-18. Laurent Jenny, « La Poésie », https://www.unige.ch/lettres/framo/enseignements/methodes/elyrique/elintegr.html.

（dépersonalisation volontaire）。[1] 马拉美认为“诗人表述”理应“消失”，“让位给词语的主动性”。[2] 洛特雷阿蒙写道：“个人化诗歌已经过时，它完成了相应的杂耍和偶然的扭曲。”[3] 通过与个体抒情的主观诗学决裂，现代诗歌奠定了底基。

在两封著名的“通灵人书信”中，兰波将矛头对准缪塞式的浪漫主义，并通过“成为通灵人”，即“通过长期的、广泛的、理智思考的过程，扰乱所有的感官”，寻求一种使用“普遍语言”（langage universel）的“客观诗学”：“这种语言属于灵魂，通往灵魂；芳香、声音、色彩，它概括一切，把思想与思想相连，又引出思想。”在普遍语言中，坚硬的、单一的自我被破坏：“说我在思考，这是不正确的。应该说，人们在思考我。”“人们”（on）显示出了超越个体之上的话语主体。如胡戈·弗里德里希所说，兰波追求的是“诗歌主体和经验自我的异常分离”：“具有行动力的主体不是经验自我，另一些强力取代了他的位置，那是从下升起的强力，具有前个人化的性质，但是带有强制性的支配力。”[4] 与柏拉图传统的灵感论不同的是，兰波强调思考，强调辛苦的劳作。诗人应该不断探索灵魂深处直至陌生的未知：“一切形式的爱、痛苦、疯狂；

1 Charles Baudelaire, *Correspondance II: 1860-1866*, Gallimard, 1973, p.611.

2 Stéphane Mallarmé, « Crise de vers », *Œuvres complètes*, Gallimard, 1965, p.366.

3 洛特雷阿蒙：《马尔多罗之歌》，车槿山译，上海：上海人民出版社，2007 年，第 233 页。

4 胡戈·弗里德里希：《现代诗歌的结构：19 世纪中期至 20 世纪中期的抒情诗》，李双志译，南京：译林出版社，2010 年，第 49、56 页。

他探索自己，他用尽自身的一切毒素，以求保留精髓。”就像奈瓦尔清醒地审视自己的疯狂一样，兰波对诗的思考也是一种“作为疯狂的理性”[1]。“我对疯狂耍出了种种花招”，他在《地狱一季》的序诗里写道。在这疯狂中，出现了逃逸的、分裂的、抗拒主体化的自我，由此生成了兰波最著名的结论之一：“我即他人”（Je est un autre）。先于兰波，奈瓦尔也写过类似的话：“我是他人”（Je suis un autre）。但兰波却更进一步地破坏了法语的语言结构：“是”（être）不再随着主语变位成第一人称单数（suis），而是与之脱节，变作了第三人称单数（est）。“是”从“我”的“超编码”[2]中解域而出，指向他者，“我”的意指功能被掏空，化作全然的文本效果。

“普遍语言”在各个思想与心灵间奔窜，他的诗歌有着不断解域化与再领域化、主体化与非主体化、个体与非个体间的动力学。他在《片语》里写道：“我牵着绳索，从一座钟荡到另一座钟；牵着花环，从一扇窗跳进另一扇窗；牵着金链，从一颗星坠入另一颗星，我就这样跳舞。”舞蹈是兰波诗歌中的重要意象，代表着眩晕和生命力量的宣泄与加速。在《美的存在》里，一个美人“舞蹈，在异象周围释放自身”，“纯洁的生命色彩逐渐加深”。多米尼克·拉

1 Brunel, *Arthur Rimbaud ou l'éclatant désastre*, Champ Vallon, 1991, p.140.
2 吉尔·德勒兹、克莱尔·帕尔奈：《对话》，董树宝译，郑州：河南大学出版社，2018 年，第 94 页。

巴泰（Dominique Rabaté）曾强调兰波诗歌中抒情动作（geste lyrique）的重要性，舞蹈是语言的舞蹈，它“既是言谈也是行动，既是想象也是施行”[1]。舞动，在情感强力中自我碎裂，一种无人称的痉挛。封闭（enfermement）是兰波的地狱（enfer）。[2]《底部》中，在“夫人家里”，在“华盖之下”，在“玻璃鱼缸”里，他深感窒息。必须破门而出。兰波的诗歌不缺少豁口：“一阵风在隔墙上吹出歌剧院的豁口”（《通俗夜曲》）。

“我变成一幕神奇壮美的大歌剧”，兰波在《谵妄II：言语炼金术》中写道。他乐于把诗歌戏剧化，把自我虚构化，他戴上缤纷假面，只具有操演性。“打扮起来，跳吧，笑吧。”（《片语》）这是一场场儿童的游戏。《童年》中，他同时是“圣徒”、“智者”、“行旅者”和“弃儿”；《底部》中，他变形为鸟与熊。他是阴阳双性的，因为太阳的阳性与海洋的阴性相伴才是永恒（《永恒》）。让-皮埃尔·里夏尔（Jean-Pierre Richard）将兰波的诗称为“生成之诗”，他的诗歌里充满了过渡与转变的地界：森林的边缘、乔木的阴影处、疯狂的草原上，他飞升、变幻，花卉与矿物、人与禽兽相互纠缠。[3]他在各个身份之间不断繁殖，在各个人称、各个时态、单数复数间不断滑动，

1 Dominique Rabaté, *Gestes lyriques*, José Corti, 2013, p.9.

2 Brunel, *Arthur Rimbaud ou l'éclatant désastre*, pp.47-48.

3 Jean-Pierre Richard, *Poesie et profondeur*, Seuil, 1955, pp.244-246.

在各个表述位置上不断游移。有评论者认为兰波是第一位将诗歌彻底文本化的诗人，参照性消失了，“所指消隐”。[1]正常的表征过程被扰乱、象征链条被打破，带着永不餍足的焦渴，他惯用全称，将一切时空、一切人物乃至相互矛盾之物并置——“我自诩拥有一切可能存在的风景”。风景与人物在抽象和具象的半光半影中变成了反风景与反人物。诗歌主体成了不断对话与争斗的空白空间。复调之诗，狂欢之诗，增熵之诗，异质之诗。

在不断延伸的逃逸线上，兰波把自己定位成了常人中的怪物。他“要使灵魂发展到畸形”，要“成为一切之中最伟大的病人，最伟大的罪人，最伟大的被诅咒的人”（“通灵人书信”第二封）。他还提到了雨果的“笑面人”，他要刻意扮出滑稽的嘴脸，发出巨响的嘲笑：“春天给我带来了白痴的可憎的笑”（《地狱一季》序诗）。全都是场“无休止的闹剧”（《坏血统》），“能想到什么鬼脸统统摆出来”（《地狱之夜》）。如同波德莱尔对该隐的偏爱，兰波自诩为“低劣种族”、“黑人”或“含的子孙后代”（《坏血统》），他在自己的语言中自我放逐为异乡人，自我变形成怪物和罪人。于是他的诗学也成了戏仿的诗学、反讽的诗学，我们时常分不清他是真心如此，还是刻意嘲笑。于是他的作品总是多重的文本生产，在表面之下总有互文

1 Jean-Louis Baudry, « Le Texte de Rimbaud », *Tel Quel*, n. 35, 1968, p.45.

的潜文本。正是通过戏仿之“笑”，他站在欧洲文化的边缘完成了对既定的文化符码的颠覆，对《圣经》的暗指把《地狱一季》变成了一部“反福音”[1]。

兰波的笑也是孩童之笑：“一切从孩子们的笑声开始，并将自它们结束。”（《沉醉的清晨》）孩童之笑，童年的声音，是逃逸出含义的声响。兰波是语言的孩子，是语言的童年。他的诗歌以声音为本位。他的诗歌充斥着各色声响。我们无法忘怀“通灵人书信”第二封中的音乐隐喻：“如果铜醒来变成了铜号，那完全不是它的错。我看这是十分明显的。我参与我思考的诞生：我看到它，听到它：我举起琴弓触动琴弦：交响乐于是在各个不同的深度形成它的颤动，或者一跃登上演奏舞台。”音乐是一种醒觉，如同洪水过后，“梦的花朵叮当作响”（《洪水过后》）。在“爱情的节日”的城市中，满是乐声与节奏，花瓣再度“长吟”（《城市 II》）。音乐是“爱情的琴键”（《生命》），“在更激越的音乐之中，所有翻腾、喧嚣的痛苦随之消亡”（《精灵》）。音乐更是兰波寻求的“数与和谐”（“通灵人书信”第二封）。他诗歌的精妙之处便在于对节奏、对音节的把控：“我调整了辅音的形式和变化，而且我自得于利用本能的节奏发明了一套早晚有一天可以通达所有感官的诗的语言。”（《谵妄 II：言语炼金术》）

1 Brunel, *Arthur Rimbaud ou l'éclatant désastre*, p.72.

如前文所说，这诗的语言综合了“芳香、声音、色彩”，著名的《元音》（Voyelles）一诗便是例证。“我发明了元音字母的色彩！”（《谵妄 II：言语炼金术》）这不只是文字的游戏，兰波赋予了声音以物质性，而词语是鼎沸的、被欲望着的，我们要看到语言背后潜藏的身体。塑造新的爱情是兰波的使命，而新的爱情与新的身体相连。这不是一个与浪漫主义的感时伤怀之“心”相连的身体，兰波多次表达了对此的厌倦：“多么烦闷，这‘亲爱的身体’与‘亲爱的心’的时刻。”（《童年》）必须把这“没价值的身体”贱卖出去（《贱卖》），创造出“新的爱的身体”（《美的存在》），那是精灵的身体：“他的身躯！梦想中的释放”（《精灵》）。身体是释放，是敞开，是向世界打开的豁口，兰波不止一次地表达过融入自然的渴望，他的身体作为“园中累累下垂的果实”（《青春》）与“世界的肉身”共存。“我还试图发明新的花卉、新的星辰、新的肉体、新的语言”（《永别》），花卉、星辰、肉体和语言是共通的。这肉身还是雅克·朗西埃(Jacques Rancière)所谓“词语的肉身”[1]。词语是“物质 - 感情”（matière-émotion）[2]，声音与肉身在其中融为一体：“在兰波看来，新的诗歌必须同一于语言的总体。他的命运必然连接着新语言与和解的身体这二

1 雅克·朗西埃：《词语的肉身：书写的政治》，朱康、朱羽、黄锐杰译，西安：西北大学出版社，2015 年。

2 Michel Collot, *La matière-émotion*, PUF, 1997.

者的乌托邦。”[1]

兰波“普遍语言”的多价性使得其诗歌晦涩难解，批评家们至今争论不休，茨维坦·托多罗夫（Tzvetan Todorov）甚至认为兰波的诗已经彻底消除了意义，因此无法阐释[2]。或许兰波刻意制造了让多种诠释共存的可能性。据伊莎贝尔记载，当他母亲问他《地狱一季》究竟在说什么的时候，他回答：“这本书想说的就是我想说的，无论是字面意义，还是所有的含义。”[3]无论如何诠释，兰波的诗歌总是关注着诗歌自身，带有深刻的自反性，而他也希望诗歌可以与世界擦撞，引领真正的行动：“诗不再调节行动，而将走在前面。”（“通灵人书信”第二封）于是我们便走向了博纳富瓦的“在场”诗学。

博纳富瓦的诗学：图像与在场之战

早在“二战”后的1947年，加埃当·皮孔（Gaëtan Picon）便留意到一种“新的诗歌现实主义”（nouveau réalisme poétique）[4]悄然兴起，同超现实主义和抵抗运动的“介入诗歌”（poésie engagée）抗衡。让·弗兰（Jean Follain）、欧仁·吉尔维克（Eugène Guillevic）等诗人，跟

1 朗西埃：《词语的肉身：书写的政治》，第103页。

2 Tzvetan Todorov, « Une complication de texte: les Illuminations », *Poétique*, n°34, mai 1978, pp.241-253.

3 Isabelle Rimbaud, « Rimbaud mystique », *Mercure de France*, 1914.

4 Gaëtan Picon, *Panorama de la nouvelle littérature française*, Gallimard, 1976, p.242.

他们参与的“罗什福尔诗派”（École de Rochefort）一道，以反抒情的态度，将目光放回日常生活的沉寂中。1950年代，博纳富瓦、菲利普·雅各泰（Philippe Jaccottet）、安德烈·杜·布歇(Andre Du Bouchet)和雅克·杜班(Jacques Dupin)等新一代诗人崭露头角，在战争虚无和野蛮的余火中、在远方“怀疑的时代”（l'ère du soupçon）的号角声中逆流而行，在诗歌中求索万物之“在场”（présence），在瞬间中提炼“始基”（l'élémentaire），修补诗歌与感性世界（monde sensible）的关系。[1] 如博纳富瓦所说，“一种为绝对而焦虑的生命，在它无止境的冷冽清晨中，”诗人们“将重塑几个基本的姿态，将我们与事物相连。今日的诗歌由此回到深刻的现实主义中”。[2]

早年的博纳富瓦受超现实主义影响极大，且在1946年结识了归国的安德烈·布勒东（André Breton），但他很快与之拉开距离。他斥之为“密教主义”（occultisme），一种“诺斯替”（gnose）态度，即“用图像取代一切，尤其取代他者，把图像当成唯一的真实”。[3] 图像是词语展示的诱惑，是个人欲望的赞歌，是对经验世界的逃避，它指向幻想、指向彼岸，把人拉往黑夜深处的眩晕中，此

1 Jean-Michel Maulpoix, « La poésie française depuis 1950 », http://www.maulpoix.net/Habiter1950.html.

2 Yves Bonnefoy, « L'acte et le lieu de la poésie », *L'Improbable*, Mercure de France, 1980, p.119.

3 Bonnefoy, « Entretien avec John E. Jackson sur le surréalisme », *Entretiens sur la poésie*, Mercure de France, 1990, p.81.

岸的世界于是成了堕落之所，成了得不到救赎的流亡之地。博纳富瓦寻找的是另一种“明证”（évidence），即“流水、从容燃烧的火焰、日常的存在、时间与偶然，它们是唯一的实在（substance）”[1]。他所采纳的是一种现象学进路：“献身给此地、此刻，即有限性（finitude）的神显（épiphanie），在那里锻造语言。”[2]人必须抛弃语言给予的无限性的虚妄体验，必须回到此时、此刻的存在——之后博纳富瓦将之称为“道成肉身”（incarnation）——回到有限性的真实世界中。诗歌是一种返乡。

同时，博纳富瓦也拒绝“概念”（concepts），即一种空洞的抽象语言。它们本质上是“表征”，即“一种片面的视线”，“提取”和“选择”客体的某一部分，将它们升华为真理，却贬低、忽略另一些同样重要的面向。概念因此也是图像的一种，把语言与物体之间的亲密关系生生割裂了。[3]对博纳富瓦而言，“既没有现实，也没有超现实——前者被科学构架和高估，后者不理性的特征泛滥［……］——而只有在场”。[4]从最早期的作品《反柏拉图》

1 Bonnefoy, « La Présence et l'image », *Entretiens sur la poésie*, p.187.
2 Bonnefoy, « Lettre à John E. Jackson », *Entretiens sur la poésie*, p.93.
3 Bonnefoy, « Poésie et vérité », *Entretiens sur la poésie*, pp.258-260.
4 Bonnefoy, « Entretien avec John E. Jackson sur le surréalisme », *Entretiens sur la poésie*, pp.73-74.

（*Anti-Platon*）开始，博纳富瓦便将在场与图像对立。[1]1981年，在法兰西学院的就职演说中，他“毫不犹豫地说：言语（parole）的真实，是为了在场而向图像——图像的世界——发动的战争”。[2]诗歌的真理是成为在场的栖息之地。在《杜弗的动与静》（*Du Mouvement et de l'immobilité de Douve*）中，杜弗便是一种“确切的在场，任何火焰都不能缩减它”[3]，它不受固定的概念的束缚，没有身份，千变万化，不断生成。然而，他的“笑声中浸透着死亡”[4]，他代表着“我们不愿思考的速朽存在”[5]。我们必须确认我们的有限性，即我们的死亡，才能发觉在场。

就此，博纳富瓦背离了马拉美的象征主义，当他说出“花”这个词语时，他所指的不是“所有花束中的缺席者”，而是要通过这个词语望见生活中真实的花的存在。同样，与结构主义相反，他要“在语言内部展现出一种结构性关联”，这关联不只是一串能指的差别性链条或语言的自主性游戏，而是“对存在的创造”：“它将存在聚集在整一

1《反柏拉图》首句便是“就是这个东西”。随后，他写道：“此地的所有事物，柳树、裙子和石头的国度［……］在男人的头脑里，比完美的思想更沉［……］。”结尾处，他又补充道：“只［……］对已经从四面八方爆发的确认了的在场敏感［……］。”中译参见伊夫·博纳富瓦：《杜弗的动与静》，树才、郭宏安译，上海：上海人民出版社，2017年，第1-12页。

2 Bonnefoy, « La Présence et l'image », *Entretiens sur la poésie*, p.200.

3 博纳富瓦：《杜弗的动与静》，第32页。

4 同上。

5 Bonnefoy, « Lettre à John E. Jackson », *Entretiens sur la poésie*, pp.98-99. Maulpoix, « Introduction à la lecture de l'oeuvre d'Yves Bonnefoy », https://www.maulpoix.net/Oeuvre%20de%20Bonnefoy.html; « Le théâtre obscur de Douve», http://www.maulpoix.net/Theatrebonnefoy.html.

体（unité）中，整一体从成形的场所中发散而出，透过事物闪耀光芒。”[1]诗歌必须从自身剥离图像—概念，寻求对物质的直接性和对瞬时的存在的直观，这即时的现实是一种不分裂的、光明的“整一性”。“在即刻，与‘一’（Un）的直接与饱满的接触”即“在场”[2]：

愿这世界驻留！
愿缺场和词语
在简单的事物中
永远只成为一[3]

在场在“简单的事物”（choses simples）中闪耀。博纳富瓦诗中常出现的石头，既是俯拾即是的微物，又是大地的眷属、承载万物的底基和原初的质料，能建成神的庙宇和死的墓碑，石头之中有着潜在的无限。博纳富瓦认为，有一种“言语”（parole），能将有限性的物质变成语言的存在，在它们的内部窥得无限。换言之，诗歌“解放了”蕴含在事物中的言语，这些简单的存在本身就是表达“承诺”的词语[4]：

1 Bonnefoy, « Entretiens avec Bernard Falciola », *Entretiens sur la poésie*, p.21.
2 Bonnefoy, « Lettre à John E. Jackson », *Entretiens sur la poésie*, p.99.
3 Bonnefoy, « Que ce monde demeure! », *Les Planches courbes*, Gallimard, 2001, p.27.
4 Bonnefoy, « L'acte et le lieu de la poésie », *L'Improbable*, pp.124-126.

石头，你看它的名字被抹去
它微微敞开，生出一种言语[1]

然而，人已经遗忘了这言语，这才是人真正的堕落。找回它的方式，是把诗歌从现代语言学系统中解放出来，找到一个原初的黎明：那儿，言语是鲜活的交流。必须关注词语向感性世界敞开自身后留下的血肉，即声音与音乐——“声响的物质性”[2]：“当词语分裂，这声音聚集 / 当一切结束，这美好的开始［……］声音将存在带入显象，/ 让它们相融，仿佛同一场雪的雪花”[3]。声音是世界的颤动，是存在深处的光，显象与存在和鸣，于是，一个属于诗歌的“真正的地方”（vrai lieu）将会到来：

这让我们彼此相识，相知相爱——同时，倾听原始的音乐，加入我们的和声，万物随声应和。生物是未完成的，大地的隐晦之歌并不是供我们研究的，我们要去重复它，那个缺失的音符与其说是一个秘密，不如说是我们的使命？我梦想的别处，在更深层次的含义上莫不是某个必将到来的未来——完美地浇注在一起，人类、动物和事物在某天同时被召唤到一个地点——在现世呈现，我们的怀旧丢掉了田园牧歌式的

1 Bonnefoy, « Une pierre », *Les Planches courbes*, p.39.
2 Bonnefoy, « Poésie et vérité », *Entretiens sur la poésie*, p.264.
3 Bonnefoy, « La Voix lointaine », *Les Planches courbes*, pp.59, 63.

伪装，为久别重逢而爽朗地笑，喜悦地哭——彼时丢失的世界，此刻得以拯救的世界？

这是未来的诗歌所能栖息的土地：“生命建构超乎其外的东西，言语随着年岁扩大、加深这种铭刻（inscription）、这种形式：我们可称之为‘土地’（terre）。”[1] 我们能想到《杜弗的动与静》中的诗句：“久久探寻的最美丽的国度 / 在我们面前蔓延成蝾螈的土地”[2]；或者《昨日，荒漠一片》（*Hier régnant désert*）中的诗句：“大地上古老的植物绽出烧焦的微笑［……］让我重新生活，我把你带到 / 在场的花园中去”[3]。

值得注意的是，博纳富瓦的超越性与宗教不同。如果说宗教是一种否定的超越性，那诗的超越性则来自对现世的肯定。感性世界成了驶向“隐匿的国度”（L'Arrière-pays）的方舟——让·斯塔罗宾斯基（Jean Starobinski）称之为“无神主义末世论”。斯塔罗宾斯基认为，博纳富瓦的所有作品都位于两个世界之间：一个是曾经完满却已然失落、崩解的世界，另一个是即将到来的“真正的地方”。不过，这片土地不在他处，不在彼岸，而就在此处，虽然我们只

1 Bonnefoy, « Lettre à John E. Jackson », *Entretiens sur la poésie*, pp.109-110.
2 博纳富瓦：《杜弗的动与静》，第 65 页。
3 同上，第 139 页。

能模糊地感受到它。[1]或者说，我们始终身处一个门槛时刻，如让-米歇尔·莫尔普瓦（Jean-Michel Maulpoix）所言，“真正的地方介于真实和不真实、这里和他方、相对和绝对的不可能的和虚幻的交叉点：它构成了意义在偶然性中的一种经验，它是概念与真实的触点，一个门槛，一个半开不开的经验，一个构成门槛的空间和瞬间。”[2]真正的地方“无限近也无限远”，寻找它的唯一途径便是各处游荡，把机遇交给纯粹的偶然性。[3]与尤利西斯一样，诗歌的返乡同时也是一种漂泊。

另外，我们可以看到，诗歌的真正的地方完成了一次聚集，一次“共在”（co-présence）。如上文所说，尽管结构主义盛行，但博纳富瓦仍不断思索关于“主体”与“存在”的问题，寻找一种本体论诗学。他不会被浪漫主义的自我抒情迷惑：“我”只是一种“语言效果”，是“从别处而来，通过词语并在词语中形成的力量之结晶”。[4]但这并不代表对主体的拒绝。必须存在一个主体将现实内化，并在语言中召唤客体的“现时存在”。这是一个去个体化的表述主体，打开自身，接受他者：

---

1 Jean Starobinski, « La Poésie entre deux mondes », préface de Bonnefoy, *Poèmes*, Gallimard, 1982, p.14.

2 转引自博纳富瓦诗选集《词语的诱惑和真实》（陈力川译，香港：牛津大学出版社，2014 年）译者前言（第 XV 页）。法语原文参见莫尔普瓦的网站：http://www.maulpoix.net/Bonnefoy.htm。

3 Bonnefoy, « L'acte et le lieu de la poésie », *L'Improbable*, p.128.

4 Bonnefoy, « Lettre à John E. Jackson », *Entretiens sur la poésie*, p.110.

抓取的方式，便是
在抓取中停止成为自己
说话的方式，便是
让我们在语言中不再孤单。

当文本被作者无法抵御的现实吞没，就仿佛他者闯入文本说话："诗的写作，就是略微地说出他者的语言。"作者要悬置个人的言说，与他者的语言交流、搏斗，然后超越这两种特殊语言的对立，到达更普遍的意义，完成"觉醒"（éveil）。[1]博纳富瓦由此创造出一种承载人类共同体的道德诗学："言语是一种交换，一个多人之间的探究寻觅，形成一种共同意识——当然，那就是诗，完成的诗。"[2]而在这自我和他者的分享维度中，个人的欲望将成为"神圣之爱"（Agapé），维系万物。

"在书写中战胜图像的诗歌就是爱。"[3]然而，诗歌无法彻底摆脱图像，诗歌永远是一部分图像和一部分在场的双重存在。图像早已内化于语言，人的宿命便是成为图像的囚徒。不过，诗歌能打开一种辩证过程：首先，它必须献身于图像；随后，它"将以道成肉身的名义，批评图像，将图像简化、普遍化，最后，图像与存在的简单的既

1 Bonnefoy, « Entretiens avec Bernard Falciola », *Entretiens sur la poésie*, p.36.
2 博纳富瓦：《红云》，朱静译，上海：华东师范大学出版社，2019 年，第 313 页。
3 Bonnefoy, « Lettre à John E. Jackson », *Entretiens sur la poésie*, p.107.

定（données simples）将趋于一致”[1]。诗歌不拒绝图像，而是“爱上这第一张天真与幻想的网络”[2]，然后穿过它，识别出它的陷阱，把它“当成棱镜一样来解析”，释放蕴藏的能量[3]。这种在存在与幻想之间的辩证之爱，就是神圣之爱。

怀揣着这样的爱，博纳富瓦行走在诗歌的大地上，将自己交付给偶然，与他者相遇，寻求停留在希望中的最后之所。“希望在一种确定的情况下成为一个事实，成为我从事诗歌实践的一个事实。”[4]在奥斯维辛之后的荒漠上，他仍然深信，诗歌即希望：

> 啊诗歌，
> 我忍不住呼唤你的名字，
> 那些今天在话语的废墟中
> 流浪的人不再喜欢的名字。
> ［……］
>
> 我知道，即使在深夜，你将是
> 抛下的锚和沙滩上蹒跚的脚步，
> 你将是人们拾起的柴火和潮湿的

1 Bonnefoy, « Entretiens avec Bernard Falciola », *Entretiens sur la poésie*, p.17.

2 Bonnefoy, « La Présence et l'image », *Entretiens sur la poésie*, pp.200-201.

3 Bonnefoy, « Entretien avec John E. Jackson sur le surréalisme », *Entretiens sur la poésie*, p.85.

4 博纳富瓦：《红云》，第 320 页，译文有所改动。

树枝上的火花，你将是在犹豫的火苗
焦虑的等待中，
长久沉默后的第一句话，
在死去的世界下燃起的第一团火。[1]

博纳富瓦与兰波：西西弗式诗人

对博纳富瓦而言，兰波和波德莱尔是两位绕不开的先辈。兰波最动人之处，在于他对“诗人何为”的不断质询的苦恼意识，对存在的可能性核心处的不可能性的持续探寻，在于他数次失败后的执着与生命的活力。博纳富瓦将诗歌称作希望的运动，如同西西弗推动石头，诗人必须无限次地期许和开始。[2] 他们都是西西弗式诗人。

博纳富瓦最早的三部诗集，《反柏拉图》（1947）、《杜弗的动与静》（1953）和《昨日，荒漠一片》（1958），见证了他最多挣扎的危机时刻：对图像世界的暴烈批判，对被语言遗弃的世界的哀悼，这是一个野火摧枯拉朽的过程，一段废墟与死亡相伴的日子：“洗过的物质，重返古老的 / 回响的理念，里面的火已经枯竭，/ 面孔被一种盲目的在场冲成沟壑，/ 连同从屋内被驱逐的全部的火，/ 言语存活过，但永远地死了，/ 当光最终把自己变成风和黑夜。”[3]

1 博纳富瓦：《词语的诱惑和真实》，第 64 页。
2 Bonnefoy, « Entretiens avec Bernard Falciola », *Entretiens sur la poésie*, pp.39-40.
3 博纳富瓦：《杜弗的动与静》，第 64 页，译文有所改动。

直到完成《刻字的石头》（*Pierre écrite*，1965）和《在门槛的圈套中》（*Dans le leurre du seuil*，1975）这两部诗集，他才进入平静、质朴的下一阶段。

《兰波评传：履风的通灵人与盗火者》收录在瑟伊（Seuil）出版社“永恒的作家”（Écrivain de toujours）丛书当中，初版于1961年，正好处于两个阶段的过渡期。可以说，书中兰波的声音和博纳富瓦自己的声音是不可分的，他对兰波生涯的回顾，也是对自己先前求索的一次小结。

我们可以将本书中博纳富瓦关于兰波的一些观点同他稍早的一篇非常重要的文论《诗歌的行为与地方》（L'Acte et le lieu de la poésie）[1] 进行比对。

在这篇文论里，博纳富瓦初次系统地阐述了自己的诗歌理论。他首先将诗歌与希望等同。但希望有两种。当诗人深感现实的荒瘠时，他便会作出“重大的拒绝”，远离世界，来到“文字的孤堡”。这种诗歌封闭在绝对中，从而“忘记了死亡”。这时，诗歌给予的只是一种虚假的希望。而波德莱尔看到了另一种希望，《天鹅》中的安德洛玛刻是一个只属于此时此地的在场，波德莱尔借此“创造”了死亡，并在他的不断失败中、在生命最残忍的苦痛中感到愉悦和曙光。

有趣的是，兰波同时出现在了这对立的两者之中。一

1 Bonnefoy, « L'acte et le lieu de la poésie », *L'Improbable*, pp.105-131.

方面，在《回忆》等最具幻想性的作品里，通篇只有僵化的概念。另一方面，兰波又拒绝充满主观性抒情的传统诗歌，给对称的古典韵律“划出无法愈合的伤口”。怀抱着一宗本体论的巨大的“焦渴”（soif），他还将诗歌视为一种索取的手段、一种存在的行动，且坚信诗歌“将匮乏转换成财富”的力量。在本书中，我们再次看到了兰波的两歧性（ambiguité）。[1]

这本书与其说是传记，不如说是属于兰波的精神现象学：博纳富瓦梳理的是兰波精神发展的轨迹。如此，博纳富瓦在本书中的实践就与倡导“作者已死”的罗兰·巴特（Roland Barthes）的观念格格不入。同时，他也远离了保罗·瓦莱里（Paul Valéry）的解读，对后者而言，“兰波是一种技术——一位诗人是一种技术”。更重要的是，博纳富瓦有意避开了象征主义—超现实主义的阐释传统，就像他之后所说：“将兰波视为象征主义诗派的代表甚至首领，这是完全错误的。”[2] 从前的博纳富瓦，被《元音》里“能指的自动性”和“词语超出本身意义的过剩”吸引。[3] 但这个在《洪水过后》里望着“美妙的图像”的孩子，这个背离世界“创造了别处”（本书第 20 页），将“真正的生活

1 事实上，博纳富瓦认为波德莱尔也存在两歧性，因为波德莱尔也曾坦言：“对图像的崇拜，是我巨大、唯一、原初的热情。”（参见 Bonnefoy, « Entretiens avec Bernard Falciola », *Entretiens sur la poésie*, p.2）《邀游》（L'Invitation de voyage）等诗也透露了他想离开世界的欲望。

2 Bonnefoy, « Rimbaud devant la critique », *Rimbaud*, Hachette, 1968, p.274.

3 Bonnefoy, « La Présence et l'image », *Entretiens sur la poésie*, p.187.

缺席”（《谵妄I：疯狂的童贞女》）的逻辑发挥到极致的少年，是如今的博纳富瓦所极力舍弃的。博纳富瓦力图说明兰波诗中的图像并非诺斯替主义的幻象：从最早的《感觉》等诗开始，他便引入了对此时此地的在场的感知；在《太阳与肉身》等诗中，他早已展现向着他人的飞跃。他用“言语炼金术”找寻的异象（vision）虽然位于感性世界之外，但也并非空中楼阁，而是对“‘自在的存在’的感知”（本书第93页）。总之，兰波诗学的出发点是一种现实主义。他对巴黎公社的关注，对“客观诗学”的宣扬，对超越个体语言以进入普遍性的狂热，都表现出了他对改造社会现实、用“新的爱情”来重塑人与人的关系、重建词语与世界的联系的意愿。

不过，博纳富瓦没有忽略兰波的孤独，童年爱的匮乏使他容易滑入“残忍的怀疑主义”（《生命》）的深渊，使他无法与人共通，从而远离世界。兰波的矛盾在于，他既要梦想，又要生发出清醒的批评意识。兰波的双重性来自语言本身的双重性：“诗的言语既是希望，也是危难。”（本书第30页）兰波从列维和巴朗什两人身上接受了双重的兴趣：“对最客观的现实的兴趣”（本书第70页），对语言所产生的异象的兴趣。这“正是诗歌在其无尽的矛盾中的双重追求”（本书第70页）。于是，兰波的创作人生，便是在“图像”与“在场”之间、希望与幻灭之间的不断轮回。

兰波首先开始了他的“通灵人”计划。他想要成为使用“言语炼金术”的“盗火者”，为了达到未知，用异象寻求救赎，从而消融在一个更广大的真实的存在之中。然而，“诗歌仍然存在，词语没有完全被存在的内在性吸收”（本书第103页），兰波的自我意识也未彻底消除。兰波最后明白，他寻求的无非是爱，但异象“不能把火焰带往他的生活，只会耗尽他的气力，摧毁他不安的抵抗，最终消除他在社会上生存、接收或施予爱的微弱能力”（本书第108页），让他“更加失去和谐和共通”（本书第108页），迈入死滞的季节。

随后，他向基督教的“仁爱”（charité）求助。对魏尔伦的同性之爱、对巴黎公社兄弟情谊的向往，使他从异象回到现实，通过“仁爱”追求人与人的共通，并希望将魏尔伦恢复成原初的“太阳之子”。然而，“仁爱，这重新走上和解、融洽之路的尝试，很快变回了先前与现实对抗的、路西法式的反叛。”（本书第136页）他过分苛求的爱让他和魏尔伦都落入了地狱。

在《地狱一季》中，兰波回顾了他的历次失败，将之归结为“被遗弃的处境与从不干竭的希望之间的矛盾”（本书第152页）。“他被判处给了希望”（本书第180页），但“循环已然紧闭，‘不可能’已然明确，‘童年所受的肮脏教育’已然扎根，将整场生命献给无止境的反抗，献给虚妄与毁灭并存于其中的骄傲”（本书第 181 页）。经历了《不可能》中的绝望后，兰波在《清晨》中“懂得了，既然他称之为‘地狱’的发展过程——不耐、跃进、幻灭、苦楚——在惶惶之中无从止息，那它们便是生活本身，他必须承认它们”（本书第 182 页）。在最后的《永别》中，“他提出了一种现实主义的行动”（本书第 184 页）：“我啊！我自称占星术师或天使，伦理道德尽皆免除，我还是带着有待于求索的义务，有待于拥抱的坎坷不平的现实，回归土地吧！农民！”这是博纳富瓦非常喜欢引用的一段话。兰波构想了一个“强烈的耐心”的仁爱的新计划，并将真理“建立‘在一个灵魂和一具肉体之中’，建立在一种苏醒的存在之中”（本书第 187 页）。

于是我们在《彩图集》中看到了“精灵”的出现，他是重新创造的爱的化身，这新的爱是“在感性王国的深处对普遍理性与数字的无限和谐的再发现”（本书第 210 页）。这精灵不是神，而是人潜在的可能性存在，具有“从克己转向行动、从异化转向在场、从律法转向自由”（本书第 208 页）的能力。然而，这精灵，这科学与音乐相结合的新的和谐，又与印度大麻的迷狂联系在一起，最终也只是一个梦，而未实践到最后，《彩图集》也成了对失败的体认。

兰波是在矛盾中屡战屡败的悲剧英雄。他选择在诗歌中找寻绝对的自由，但却永远躲不过语言的异化：“诗让我们全身心投入对整一性的追求，最后却只让我们与其他存在分离，恢复我们本以为消除了的二元性。或许，诗从来都只是一条死路。只有在承认失败时，它才能找到真实。”（本书第 109 页）这并非一种悲观主义，这更接近存在主义的腔调：诗人的义务，是真正认清诗歌的“不可能”，并把这种不可能当作目标，永远行进在永不可能完成的创作之路上。[1] 兰波随后的非洲人生，并非断裂，而是延伸，甚至，他对诗歌的拒绝才是一种真正的见证，他归于安静的时刻才是他最雄辩的时刻。[2]

进入第二阶段的平和时期之后，博纳富瓦愈发坚决地强调兰波诗中的道德批评和现实主义立场。[3] 在 1976 年发表的《还是兰波》（Rimbaud encore）一文中，他反对把兰波的诗歌作为“文本”解读，因为兰波并不把审美范畴置于道德范畴之上：“一种千思百虑的、确切的、用于交流的巨大意义，在他大部分作品中都占据上风”，兰波“太多次太出色地提醒我们：诗中，一种‘言语’——一种在场，一种对他人的召唤——是可能的，或许也是最本质的”。[4]

兰波对他者—交流的强调和对图像—概念的反叛出现在博纳富瓦的所有分析中，他的诗歌是“永无止境的战役，

1 Bonnefoy, « L'Heure nouvelle », *Notre besoin de Rimbaud*, Seuil, 2009, pp.259-260.

2 Bonnefoy, « Entretiens avec Bernard Falciola », *Entretiens sur la poésie*, p.40.

3 Michel Finck, « Yves Bonnefoy et Rimbaud », *Rimbaud*, L'Herne, 1993, pp.359-374.

4 Bonnefoy, « Rimbaud encore », *Notre besoin de Rimbaud*, pp.259-260.

是存在与本质、形式与非形式激烈搏斗的剧场”[1]。同样于 1976 年发表的《向诗人倾述的花事》（Ce qu'on dit au poète à propos de fleurs）一文是对兰波同名诗作的解析。在本书中，兰波化名寄给邦维尔的这首诗被解读为对后者“主观诗学”的攻击。兰波颠覆价值秩序，贬低花的美丽，褒扬汁液的实用性，宣扬一种反抒情主义。而在 1976 年的这篇文章中，博纳富瓦却推翻了之前的结论，认为实用性也不过是语言给予的另一种幻觉。他的矛头从邦维尔转向了马拉美的“纯粹概念”的花朵，而汁液作为营养的基本物，则是“物质主义”的基础。因此，诗中的对立变成了“本质”（essence）与“实体”（substance）之间的对立。[2] 他要拆解与存在隔阂的概念，做到在诗中与存在共通。

在 1978 年发表的《色彩之外》（L'Outre-couleur）一文中，博纳富瓦分析了兰波的一首小诗《妮娜的妙答》。他认为，这首诗带给读者的违和感，来自诗中所展现的世界的虚假与兰波的真实情欲之间的对立。于是，诗中代表着真实感觉的色彩，便与虚假的写作之间形成了强烈的比照。在 1979 年发表的《兰波夫人》（Madame Rimbaud）一文中，博纳富瓦再次回到了兰波与母亲的关系和对《七岁的诗人》的解读中。本书已经谈到，母亲撒谎的“蔚蓝的眼神”让他第一次明白“符号的空洞与谎言”（本书第

1 Bonnefoy, « L'acte et le lieu de la poésie », *L'Improbable*, p.124.
2 Bonnefoy, « Ce qu'on dit à propos de fleurs », *Notre besoin de Rimbaud*, p.331.

17 页），《兰波夫人》则对此进行了更深入的分析。与本书的结论不同，兰波夫人并非无法爱人，她只能“通过律法、义务、美德的理念的棱镜”去爱，这是一种“在死亡中的爱”，或“相当于死亡的爱”。[1] 这种爱会用一个图像来取代真实的对象——“图像的入殓”[2]。母亲“蔚蓝的眼神”——眼神使人石化，而蓝色是幻想的色彩——象征着虚假的图像，而诗中那些贫苦的、“眼睛在双颊上褪色”的孩子，工人邻居家“棕色眼睛”的女儿，却是无形体的“缺席存在”。他们“不可言说”，却“在语言的深处召唤我们去聆听”。[3] 兰波创作的出发点，便是反抗“蔚蓝的眼神”的图像，寻找他人的“棕色眼睛”。

博纳富瓦对兰波和波德莱尔的比较也有着微妙的变化。在《诗歌的行为与地方》中，他写道：“比起波德莱尔，兰波更不博学，更不‘化学家’，我的意思是，更远离现实，更不懂得如何衡量深厚却透明的现实，因为他的内心有个缺乏爱的童年。但正因如此，他才要求得更多。”[4] 本书中，兰波被拒绝在生活之外，无法像波德莱尔一样，轻易唤起感性的在场，“为有限的事物与速朽的个体献身”（本书第 66 页）。然而到了 2009 年发表的《我们对兰波的需要》（Notre besoin de Rimbaud）一文中，波德莱尔却

1 Bonnefoy, « Madame Rimbaud », *Notre besoin de Rimbaud*, p.278.

2 Ibid., p.282.

3 Ibid., p.304.

4 Bonnefoy, « L'acte et le lieu de la poésie », *L'Improbable*, p.117.

成了更远离现实的那一位：他对本质之美有着几乎宗教般的信仰，而兰波与他不同，没有细腻的观察，没有对更高的世界的梦想，只有对日常世界的改造意愿。[1]谈到“通灵人”的宏伟计划时，他不再使用“异象”的概念，而是把“扰乱所有的感官”中的“感官”（sens）同时理解成阻挠真正的言语展现的“文本意义”（significations），加重了“言语炼金术”的物质主义倾向[2]；《元音》中色彩与物体的任意组合，当然不再是语言自主性的表现，而是扫荡所有既定概念的“整一性”的感性现实[3]。我们需要兰波，因为在他的诗里，我们能感受到一个有限性的人对爱的真实渴望。

博纳富瓦曾形容兰波是一个“从不试着弄虚作假”的诗人[4]，让-皮埃尔·里夏尔也用类似的措辞形容过博纳富瓦本人：“他从不作假，忠心于他对死亡的计划。”[5]只有真诚的人，才能如西西弗一样屡败屡战，勇于面对位于诗歌核心的不可能，并把所有的可能性建筑在这种不可能之上。

1 Bonnefoy, « Notre besoin de Rimbaud », *Notre besoin de Rimbaud*, p.22.

2 Ibid., pp.29-30.

3 Ibid., p.34.

4 Bonnefoy, « Georges Poulet et la poésie », *Georges Poulet parmi nous*, textes réunis par Stéphanie Cudré-Mauroux et Olivier Pot, Genève & Berne, Slatkine & Archives Suisses, 2004, p.117.

5 Richard, *Onze études sur la poésie moderne*, Seuil, 1964, p.271.

这本小书，从着手翻译到最终定稿，费了四五年的精力，尽心之余，也屡感自己笔拙。在此感谢我的父母，也感谢宋迈克同学的指教。

2020年12月25日

版贸核渝字（2016）第 144 号

图书在版编目（CIP）数据

兰波评传：履风的通灵人与盗火者/（法）伊夫·博纳富瓦（Yves Bonnefoy）著；杜卿译. — 上海：上海社会科学院出版社，2021

书名原文: Rimbaud

ISBN 978-7-5520-3382-3

Ⅰ.①兰… Ⅱ.①伊…②杜… Ⅲ.①让·尼古拉·阿蒂尔·兰波—评传 Ⅳ.①K835.655.6

中国版本图书馆CIP数据核字（2020）第229846号

上海市版权局著作权合同登记号：09-2020-958

拜德雅·人文档案

兰波评传：履风的通灵人与盗火者

Rimbaud

著　　者：［法］伊夫·博纳富瓦（Yves Bonnefoy）
译　　者：杜　卿
出 品 人：佘　凌
责任编辑：熊　艳
书籍设计：左　旋
出版发行：上海社会科学院出版社
　　　　　上海顺昌路 622 号　邮编：200025
　　　　　电话总机：021-63315947　销售热线：021-53063735
　　　　　http://www.sassp.cn　E-mail: sassp@sassp.cn
照　　排：重庆樾诚文化传媒有限公司
印　　刷：上海盛通时代印刷有限公司
开　　本：640mm × 900mm　1/32
印　　张：9.75
字　　数：188 千字
版　　次：2021 年 4 月第 1 版　2021 年 4 月第 1 次印刷

ISBN 978-7-5520-3382-3/K.585　　定价：78.00 元